근대 무도(武道)
합기도(合氣道·아이키도) 강의

근대 무도(武道)
합기도(合氣道·아이키도) 강의

― 한국 합기도 형성(形成) 초창기 도장
술기(術技·技術) 지도체계 실제 사례 ―

김 우 철 저

Academy House
學 士 院

머리말

필자(筆者)는 고등학교 시절 학교 유도부에서 훈련하던 중 학교 훈련장 담장 넘어에 우연히 합기도 도장이 있어 유도기술 향상에 도움을 받고자 합기도 도장에 입문한 것이 그곳은 한국 합기도 창시자인 최용술 도주 선생님이 자주 오시는 도장이라는 계기가 되었다.

인연으로 고교시절 최용술 도주 선생님에게서 잠시 사사(師事)하였고, 당시 대구지역 일부 유도계 원로들의 일본 유술에 대한 관심과 포박술(捕縛術)·체포술(逮捕術) 술기(術技) 시연(示演) 요청 등으로 몇 차례 최용술 선생님을 모시고 야와라(柔術) 호신술 술기 시연 모임에 동석하여 안내하게 된 계기와 그 후 합기도에 관심을 가지게 되었다.

그리고 경희대학교 체육학과에 입학하여 지금은 고인이 되신 서울대학교 교수로 재직하고 계셨던 나현성 교수님의 체육사 수업 강의와 함께 한국 합기도계의 산증인이신 서복섭 선생님에게서 한 학기 스포츠마사지 과목 수업을 들은 인연으로 가끔 뵙게 되면서 근대 한국 합기도가 대구에서 처음 성립되었다는 내용과 최용술 선생님이 한국 합기도 창시자라는 것을 처음으로 알게 되었다.

그러나 고등학교 시절에는 합기도가 어떤 운동인지도 몰랐다. 합기도 도장을 자주 찾게 된 이유는 그나마 학교 바로 앞에 합기도 도장이 있었고, 당시 같이 훈련하던 레슬링부 친구가 그 도장의 사범으로 있었기 때문에 고난이도의 기술 시범이나 낙법 시범을 보이기 위해서는 기존의 도장 관원으로는 안전사고의 우려가 있어 친구의 시범 상대로 자주 참여하였으나 합기도 술기를 체계적으로 배우지는 않았다. 그 때 도장의 총관장님은 최양두 선생님이셨다. 저에게는 합기도 술기를 가르치시기 보다는 도장 이용에 많은 편의를 제공해주셨다.

이처럼 우연한 기회로 합기도를 수련한 필자(筆者)는 대학교수로 재직하면서 후배들의 소개로 최용술 도주 선생님의 손자인 최태영씨를 만나 《최용술 합기도 전수관》 건립을 위한 모임도 만들어 활동한 적도 있었다.

최태영씨와의 교류를 통해 최용술 도주님에 대한 많은 이야기를 나눌 수 있었다. 그것이 계기가 되어 도주님의 호적등본에 기재(記載)된 일본 홋카이도(北海道) 주소지와 다케다 소가쿠(武田忽角)선생과의 관계 등 아이키도(合氣道)와 합기도에 대한 많은 자료를 통해 지금의 한국 합기도계가 기술지도 커리큘럼 상의 문제가 많은 근본 없는 교육(지도)체계의 현실에 변화되지 않으면 시대적 변화에 부응하지 못하고 도장 문을 내려야 하는 현실적인 벽을 넘을 수 없다는 것을 깨닫게 되었다.

그러나 합기도의 교육적 가치와 이념, 그리고 기술체계 등이 중요하지만 그것이 무도 종목의 기술적 우위성에서까지 기준이 될 수는 없다고 생각되었다. 하지만 한국 합기도계의 문제점으로 대두되고 있는 합기도 수련에 따른 각 도장별 유급자 및 유단자별 체계적인 교육기준 마련과 기술 용어의 통일성의 구체적인 내용은 시급하게 확립되어야 한다고 본다.

그리고 대학교수로서 합기도 전공 학생들을 지도할 때나 합기도 지도자를 만났을 때 그들이 합기도 지도자로서 가져야 할 기본적인 합기도의 정신, 합기도의 교육적 가치, 합기도의 지도 이념 등 이론적 배경이 너무 빈약하다는 것을 심각하게 느끼게 되었다.

그래서 지금은 연로하셔서 도장 일선에서 지도를 하시지 않지만 당시 최용술 선생님에게 직접 지도를 받으셨던 원로 관장님들을 찾아가 후배들에게 전수되지 못한 합기도 술기 및 도장 지도(술기)체계를 후대에 전하는 것이 합기도사(合氣道史) 정립을 위해 필요하다는 소명의식으로 한국 합기도 형성 초기 대구지역의 도장 술기 용어나 도장 지도 체계를 기록으로 남기는 것이 중요하다는 생각으로 책을 출판하게 되었다.

한국의 합기도는 이미 최용술 선생님이 해방이후 한국에 전파한 초창기 술기 원형인 일본의 다이도류 야와라·유술(大東流柔術)과는 기술상 많은 차이를 보이고 있다는 점이다. 이처럼 한국의 합기도는 반세기가 넘도록 토착화 과정을 거쳤고 우리 정서에 맞게 체질 변화를 이루었다고 볼 수 있다.

인터넷의 확산으로 다양한 정보의 공유가 가능해짐으로써 그동안 부풀려졌던 허황된 최용술 도주님 관련 정보와 한국 합기도의 기원논쟁과 다케다 소가쿠(武田惣角)와의 관계 등이 부메랑이 되어 한국 합기도 정통성에 상처를 많이 내었다.

특히 1990년대 초반부터 학계에서도 그동안 소홀했던 한국 합기도의 역사와 최용술 도주님에 대한 연구가 다각적으로 진행되기 시작했고, 거기에서 실제로 우리에게 전달하고자 했던 것(사실), 즉 전설과 역사적 실제 사이의 깊은 골이 있다는 것이 부인할 수 없는 사실이기도 했다. 그 과정에서 그동안 감상적인 차원에서 안일하게 다루어졌던 최용술 도주님과 한국 합기도 역사의 허구나 과장이 하나 둘씩 밝혀지기 시작했다.

그럼에도 한국 합기도계는 도미키 겐지(富木謙治)설을 오역·오독(誤譯·誤讀)하며 900여년 전 일본 헤이안시대(平安時代·794~1192)의 인물인 일본의 미나모토 요시미츠(源 義光·1045~1127)의 통칭(通稱)인 '시라기 사부로(新羅三郎)'를 신라 사람으로 들먹이는 안타까운 미련에서 벗어나지 못하고 있다.
그러는 사이 지한재 선생을 합기도 도주(道主·창시자)로서 대안설이 나오기 시작했고, 일부에서는 스스로 최용술 도주님의 계승자임을 자칭하며 아무런 총의(總意)도 없이 도주란 명칭을 참칭(僭稱)하는 작태가 벌어지기도 했다.

결국 이러한 문제들은 한국 합기도계의 역사의식 부재와 한동안 최대의 합기도 계파를 이루었던 메이저 단체들의 무능함, 그리고 합기도를 단증 장사의 수단으로 삼았던 일부 사이비 단체장들의 무분별한 행동이 만들어낸 결과였다고 할 수 있을 것이다.

최용술 도주님에 대한 연구는 현재진행형이라고 생각하고 아직까지 밝혀내야 할 과제들이 많고 풀리지 않는 수수께끼가 있는 것도 사실이다.

십수년 전 최용술 도주님의 손자인 최태영씨의 간곡한 부탁도 있었지만, 고교 때부터 보아왔던 최용술 도주님이기에, 각기 다른 수준에서 각기 다른 사람들과 각기 다른 주제로 합기도에 대한 이야기를 나누면서 한국 합기도의 역사 정립과 술기 용어 및 기술체계 확립이 항상 가슴속 깊이 자리 잡고 있었다.

한때 최용술 선생님께 합기도를 배웠던 제자들이 저마다 가지고 있는 참고 자료가 있음에도 캐비닛(cabinet) 속에 감추어두고 세상에 내놓지 않으려 하는 것이 지금의 실태이다. 비록 그 자신의 소중한 자료라 하더라도 한국 합기도의 역사 정립을 위해 초창기 합기도 술기 내용과 당시의 상황을 복원할 구술자료를 채록(採錄)하는 수고를 누군가는 해야 한다는 생각으로 당시 도장의 합기도 술기 및 기술지도 체계 자료를 모아 부족하지만 책으로 출판하게 된 것이다.

또한 본서를 출판하게 된 배경은 합기도 원로들의 증언을 들으면서 최용술 선생님이 지도했던 초기 합기도 술기 지도체계와 술기 용어를 공부하기 위한 방편으로 일본 아이키도(合氣道)를 연구하던 중 2018년에 일본 히로시마 대학교 건강스포츠교육학과 교수인 지인과 일본 아이키회(合氣會) 관계자의 추천으로 《日本大學敎育出版》에서 대학교 체육관련 학과 교양 교재용으로 출판된 『武道をたずねて ― 武道敎育への活用 ―, 2018』 중 「第7章 合氣道の敎育的 価値(pp.131~149)」 부분을 필자가 집필한 것을 계기로 처음 제출했던 원고 내용과 최종본으로 이 책에 게재(揭載)된 자료, 사단법인 경주사회연구소에서 발간한 『경주사회 논문집 제 9집(2021). pp. 262~293』에 게재(揭載)된 필자의 논문 『술(術)에서 도(道)로 변천한 일본 「合氣道」의 형성과 현대 무도로의 발전 경로』를 저본(底本)으로 수정·재편집하였다.

이러한 자료 수정 작업을 통해서 한국에서 제한된 사람들만 들춰보는 일본어 원서는 쓸모없다는 생각과 함께 아무리 내용이 좋고 아이키도(合氣道) 종주국인 일본에서 인정받은 저술 내용이라도 우리나라 일선 합기도 지도자들에게 통하지 않는 연구는 무슨 의미가 있느냐는 문제의식으로 일본어 원문을 가장 깊게 음미하는 편집이 우리나라 합기도와 연관된 내용 번역이라는 생각으로 책을 내려고 다시 살펴보니 그대로 만족하며 방치할 수 없다고 보이는 부분이 많이 눈에 걸렸다. 심지어 가장 중심적인 논지(論旨)마저영 마뜩찮았다.

그건 그동안 필자의 생각도 멈추지 않고 변화의 여정을 계속했다는 뜻이려니 하고 위안을 삼기도 했지만, 불만스러운 논지(論旨)를 그대로 둔 채 출판한다는 것은 아무리 해도 내키지 않는 일이었다. 그래서 손을 보기 시작했던 것인데, 진행되면서 수정하는 부분이 많았고 전에는 알지 못했던 새로운 사실을 알 수 있었고 그 결과 일부 내용을 명확하게 이해할 수 있었다.

이 책을 편집하면서 필자는 최용술 도주님은 일본의 아이키도를 창시한 우에시바 모리헤이(植芝盛平)선생처럼 뛰어난 사업가적 기질도 없으셨다고 생각한다. 그러나 자신이 가진 야와라(柔術) 기술을 최고로 알았고, 그것이 단절되어서는 안된다는 막연한 사명감 하나로 일생을 살았던 최용술 도주님의 뜻과 그분이 심어 놓은 한국 합기도가 이제 재평가될 수 있기를 바라는 마음으로 부족하지만, 이 한 권의 책으로 출간을 결심한 것이다.

최용술 도주님은 평생을 야와라(大東流 合氣柔術)만은 자신이 한국 최고라는 고집 속에서 살았고 그에 대한 권리를 당당하게 주장했으며, 오로지 실력 하나만으로 모든 것을 증명하였다고 할 수 있다.

최용술 도주님은 결코 평범한 사람이 아니었다. 그래서 필자도 후대에 기억될 평전(評傳)을 쓰기 위한 준비단계로 평전의 표제인 『韓國 合氣道 創始者 德庵 崔龍述 評傳』 구성 목차 초안(草案)을 이번에 참고로 첨부하였으며, 그리고 근대 일본 아이키도(合氣道) 성립과 내부 발전과정에 대한 전반적인 내용과 한국 초창기 합기도 관장들의 도장 운영을 위한 기술체계 사례 자료를 편집하였음을 밝혀둔다.

최근에 일본 아이키도(合氣道)를 안다고 하는 분은 많다. 또한 아이키도(合氣道)를 아는 체하는 사람은 더욱 많다. 그러나 실제로 우리가 일본 아이키도(合氣道)에 대해 아는 것은 그 깊이가 얼마나 될지 제 자신을 되돌아보는 계기가 되었다.

본서를 통해 일본 아이키도(合氣道)인들이 아이키도(合氣道)를 통해 무엇을 찾고 있는가를 이해하는 계기가 됨과 아울러 서로 인정할 것은 인정할 때 우리도 인정을 받는다는 국제적인 시각으로 아이키도(合氣道)를 바라보는 자세가 필요하며, 우리 한국 합기도의 기술체계와 술기 용어 통일을 바라는 마음 간절하다.

그리고 필자의 연구 부족과 부주의로 인하여 중요한 부분이 간과(看過)되거나 간단히 취급된 부분이 적지 않으리라고 생각된다. 또한 본서는 전문 연구서가 아니므로 불필요한 각주(脚註)나 인용 자료 출처가 일부 생략된 부분도 있을 것이다. 이러한 의미에서 이 책의 간행에 참고가 된 연구 서적(논문)이나 첨부 자료들의 원본 저술자님들에게 지면을 빌어 진심으로 감사와 양해를 구하는 바이다. 앞으로 꾸준히 내용을 수정·보완하여 누락(漏落)된 인용 부분의 출처를 정확히 밝힐 것을 약속드린다.

끝으로 저자는 이 책 편집을 계기로 한국 합기도 단체들의 기술체계와 술기 용어 통일에 일조할 수 있기를 바라고, 그리고 이 책의 논의가 기술체계와 술기 용어 통일에 공헌(貢獻)되길 바라며, 독자들에게 전달되는 것만으로도 가치 있겠다는 생각을 하면서 책에 소개된 합기도 도장의 기술체계와 술기 용어 내용을 그대로만 받아들이지 말고 스스로 새롭게 창조해 나가는 합기도인(合氣道人)이 단 한 명이라도 나온다면 이보다 더한 기쁨은 없을 것이다.

2022년 8월
저자 김 우 철 씀

【차 례】

■ 머리말 ••• / 5

제1부 근대 무도(武道) 일본 아이키도(合氣道)의 성립과 전개 ••• / 17

　제1편 : 술(術)에서 도(道)로 변천한 일본「合氣道」의 형성과 현대 무도로의
　　　　　발전경로 ••• / 19

　Ⅰ. 서론 ••• / 19
　Ⅱ. 아이키도(合気道)의 성립과 다이토류 아이키 쥬쥬츠(大東流 合気柔術)와의
　　　관계 ••• / 37
　　1. 아이키도(合気道)의 원류 ••• / 37
　　2. 다이토류(大東流)의 기원 ••• / 39
　　3. 다이토류(大東流)의 명칭(名稱) 유래 ••• / 41
　　4. 다이토류 아이키쥬쥬츠(大東流 合気柔術)에서 아이키(合気)의 의미
　　　　••• / 42
　Ⅲ. 우에시바 모리헤이(植芝盛平)의 자립과 아이키도의 성립(成立)과정
　　　: 현대 무도로의 발전경로 ••• / 46
　　1. 우에시바의 족적(足跡)과 아이키도 형성의 발전경로 ••• / 47
　　2. 아이키도(合氣道)가 주장하는 아이키(合気)의 의미 ••• / 53
　　3. 전후(戰後)의 아이키도(合氣道) 발전 과정 ••• / 53
　　4. 아이키도(合氣道)의 현재 ••• / 56
　Ⅳ. 아이키도(合氣道)의 기술 원리와 기술 체계 ••• / 57
　　1. 아이키도의 기술 원리 ••• / 59
　Ⅴ. 아이키도(合氣道)의 이념형성과 무도 교육적 가치 ••• / 62

        1. 신체적 가치　•••／62
        2. 사회적 가치　•••／63
        3. 정신적 가치　•••／64
    Ⅵ. 결론　•••／66
    ■ 참고문헌　•••／67
    ■ 抄錄　•••／70

제2부 武道をたずねて ― 武道教育への活用 ―（日本 原書）　•••／73
　　《第7章 合気道の教育的価値》

    ■ 標題　•••／75
    ■ 執筆者 一覽　•••／76
    ■ 日本 原書 板權　•••／77
    ■ 日本 原書 目次　•••／78
    第7章 合気道の教育的価値(저자 집필 부분)　•••／82
        １．合気道の成立と大東流合気柔術との関係　•••／82
            (1) 合気道の源流　•••／82
            (2) 大東流の起源　•••／83
            (3) 大東流の名称　•••／83
            (4) 大東流合気柔術における合気の意味　•••／84
        ２．植芝盛平の自立と合気道の成立過程　•••／87
            (1) 植芝盛平の足跡　•••／87
            (2) 合気道が主張する合気の意味　•••／91
            (3) 戦後の発展過程　•••／91
            (4) 合気道の現在　•••／94
        ３．合気道の技術原理と技術体系　•••／94

　　　　(1) 合気道の技術原理　•••／96
　　　4. 合気道の教育的価値　•••／97
　　　　(1) 身体的価値　•••／97
　　　　(2) 社会的価値　•••／98
　　　　(3) 精神的価値　•••／99
　　■ 主な参考文献　•••／100

제3부 타쿠안 선사(沢庵禅師)의 선(禅)사상을 접목한 아이키도(合氣道) 철학(哲学)의
　　　형성　•••／103

　　제1편 : 선(禅)과 일본 아이키도(合氣道)의 철학(哲学)　•••／105
　　　1. 중국 무술의 특징과 일본 아이키도(合氣道) 철학의 비교　•••／105
　　　2. 근대 무도 일본 아이키도(合氣道) 철학의 형성　•••／108
　　　3. 기(氣)의 철학적 의미와 아이키도(合氣道) 철학의 접목　•••／112

제4부 일본 아이키도(合氣道)의 개조(開祖) 우에시바 모리헤이(植芝盛平) 어록(語錄)
　　•••／119
　　　1. 우에시바 모리헤이(植芝盛平)의 삶과 지혜(1)　•••／123
　　　2. 우에시바 모리헤이(植芝盛平)의 삶과 지혜(2) : 9가지 대나무의 교훈
　　　　•••／137

제5부 韓國 合氣道 創始者 德庵 崔龍述 評傳 目次 (초안 내용)　•••／151

　　Ⅰ편 : 덕암 최용술의 일본에서의 삶과 무도의 자취　•••／153
　　　서장 : 최용술의 출생과 시대적 배경
　　　　1. 최용술의 가계(家系)와 고향

2. 당시의 세상 형편과 한·중·일 무도(무예·무술)의 흐름

제1장 : 무도 입문과 수련(수행)의 시대

제2장 : 무도 수련(수행)의 풍랑 속에서 삶과 무도의 자취

- 홋카이도(北海道) 개척단 시절의 최용술과 다케다 소가쿠와의 일화
- 홋카이도(北海道) 개척단 시절의 최용술과 우에시바 모리헤이와의 관계

제3장 : 무도(武道) 스승과의 만남

- 大東流 合氣 柔術 개조(開祖) 다케다 소가쿠와의 만남
  ▷ 일본에서의 최용술 무도수련(수행) 행적 논쟁
  ▷ 일본에서의 최용술(일본명 : 요시다 아사오·吉田朝男) 무도 계보 논쟁
     : 최용술의 요시다 고타로(吉田幸太郎) 제자 논쟁

제4장 : 무도(武道)여행 : 일본 무도 유파 및 무림 고수와의 만남

- 일본 아이키도(合氣道) 창시자 우에시바 모리헤이와의 만남
- 최용술과 우에시바 모리헤이와의 서신 교환 구술 증언

Ⅱ편 : 덕암 최용술의 한국에서의 삶과 합기도의 발자취(足跡)   ••• / 154

제5장 : 한국 합기도의 창시

- 한일 합기도 기원 논쟁
- 한국 합기도(合氣道) 명칭의 변천과정과 일본 아류 논쟁
- 해방이후 한국 합기도 발생지 대구와의 인연

제6장 : 한국 합기도 제자들과의 만남

제8장 : 인간 최용술의 모습 : 최용술을 만난 사람들의 회상록(回想錄)

제9장 : 한국 합기도 창시자의 죽음과 추모

- 임종하는 장면
- 한국 합기도계에 남긴 업적
- 덕암 최용술 행실의 대략
- 덕암 최용술의 무도(武道)의 경지 : 제자 및 무도인들의 증언록

         - 덕암 최용술을 만난 타 무도인들의 회상록(回想錄)
   제10장 : 덕암 최용술의 제자들과 계보(系譜)
         - 해방이후 한국 합기도계의 최용술 무도 계보 논쟁
   제11장 : 덕암 최용술의 연보(年譜)
   ■ 합기도(合氣道) 헌장(가칭·假稱) ···／155

제6부 초창기 대구지역 최용술 도주 제자들 도장 술기(術技) 지도체계 사례
   ···／157
   - 근대 한국 합기도 형성 초창기 대구지역 최용술 도주 제자들 도장
     술기(術技) 지도체계 사례 자료 ···／159

   제1편 : 초창기 대구지역 최용술 도주 제자들 합기도 도장 지도(수련) 체계
         사례(Ⅰ) : 원로 관장 ···／160
   제2편 : 초창기 대구지역 최용술 도주 제자들 합기도 도장 지도(수련) 체계
         사례(Ⅱ) : 원로 관장 ···／182
   제3편 : 대구지역 최용술 도주 제자 계열 합기도 도장 지도(수련) 체계 사례(Ⅰ)
         ···／205
   제4편 : 대구지역 최용술 도주 제자 계열 합기도 도장 지도(수련) 체계 사례(Ⅱ)
         ···／215
   제5편 : 대구지역 최용술 도주 제자 계열 합기도 도장 지도(수련) 체계 사례(Ⅲ)
         ···／222
■ 참고문헌 ···／237
■ 저자소개 ···／239

제1부

근대 무도(武道) 일본 아이키도(合氣道)의 성립과 전개

【아이키도(合氣道)는 우에시바 모리헤이(植芝 盛平)가 오모토(大本)교의 공동 교조이자 성사(聖師)인 데구치 오니사부로(出口王仁三郎)에게 사사해, 이 종교 사상에 깊이 영향을 받아 종래의 무술과는 다른 '사랑과 화합의 무도'를 표방하는 새로운 근대 무도의 체계를 형성한 것이다.

수행의 과정에 쓸데없이 '강약 승패를 논하지 않는다'는 아이키도(合氣道)의 기본적인 사고 방식으로 아이키도(合氣道)에는 시합은 없다. 또한 아이키도(合氣道)는 눈 앞의 적을 무찔러야 하는 상대적 승리가 아닌, '적을 갖지 않고, 적을 만들지 않기'위한 무도적인 신체 운용의 이론과 기술에 숙달하는 것을 수행의 목적으로 두고 있다.

이런 점에서, 아이키도(合氣道)는 승패나 기술의 좋고 나쁨을 다투는 스포츠로서의 근대 무도와 다른 길을 걷고 있다.】

제1편 : 술(術)에서 도(道)로 변천한 일본 「合氣道」의 형성과 현대 무도로의 발전경로

I 서론

　　일본의 아이키도(合氣道・Aikido)나 한국의 합기도(合氣道・Hapkido)는 무도의 명칭으로 양국이 같은 한자(漢字)를 사용하고 있으나, 일본과 한국에서는 근대 이전에는 아이키(合氣)와 합기(合氣)라는 무도 명칭이 존재하지 않으며, 근대 일제 강점기부터 해방된 1945년 이전 시기에는 그 어떤 문헌이나 자료에도 한국에서 '합기'라는 무도 용어의 명사는 찾아 볼 수 없는 용어이다. 이것은 일본으로부터 유입된 용어라고 해석해야 한다. 또한 합기도라는 무도 명칭이 사용된 문헌이나 자료가 전무한 실정이며, 해방이후에 한국 합기도 개조(開祖) 최용술(1899~1986) 도주(道主)가 대구에서 처음으로 다이토류 아이키쥬쥬츠(大東流 合氣柔術)를 일반인들에게 보급하면서 「야와라(柔術)」, 「합기유권술」, 「합기술」, 「기도(氣道)」 등 다양한 무술 명칭으로 사용되어 오던 중 최용술의 제자들에 의해 일본에서 무도 관련 자료가 유입되고 아이키도(合氣道)의 번역어로서 「합기도」로 명칭이 확립되었다고 볼 수 있다.

　　그러나 한국에서 합기도에 대한 합기(合氣)의 어원과 역사 해석은 합기도 관련 협회나 단체, 심지어 합기도 연구를 전공으로 하고 있는 학자가 기술하고 있는 학술 논문에서 조차 합기도 역사에 대하여 심각한 역사 왜곡과 일본역사에 대한 무지에서 비롯된 몰상식에 가까운 역사 해석이 아무런 출처도 없이 사실인 것처럼 전파되고 있다.

이처럼 우리나라에서는 '아이키도(合氣道)와 합기도(合氣道)'에 대해 논문과 서적에까지 허언(虛言)과 전설(傳說)을 맹신한 채로 엉터리 주(註)나 신빙성에 문제가 있는 내용이나 오역(誤譯)의 인용을 되풀이하는 실태를 벗어나지 못하고, 많은 사람들이 그렇게 생각하고 있으려니 하는 암묵적 동의의 전제 아래 문헌적 근거나 출전을 밝히지 않은 채 인용되고 있는 현실이다. 이러한 현상은 손바닥으로 하늘을 가리는 어리석음을 한국 합기도계 스스로 보여주는 것이라고 할 수 있다. 특히「시라기 사부로 요시미츠(新羅三郎義光·1045~1127)」의 경우 이러한 논점의 핵심인물로 항상 등장하며 한국과 일본에서 공통적으로 아이키도나 합기도의 시조(始祖)로 추앙 받고 있다.

그에 대한 오역(誤譯)·오독(誤讀)의 대표적인 사례로 한국에서 규모가 큰 합기도 단체인「대한합기도협회」사범연수 교본 자료에 따르면 심각한 역사 왜곡과 역사 해석의 오류 및 신빙성에 문제가 있는 내용을 지도자 교재로 활용하고 있는 것이 한국의 실정(實情)이다. 그 주된 내용은 대략 다음과 같다.

"와세다(早稻田)대학의 도미키 겐지(副木謙治) 교수 설에 의하면, 가마쿠라(鎌倉) 시대에 합기도가 신라삼랑원의광(新羅三郎源義光)을 그 시조로 하여 막부(幕府)의 미나모토가(源家)에 전하고, 이어서 다케다가(武田家)에 계승되어 7대를 지나 다케다 소가쿠(武田惣角)에 전하고, 이어서 우에시바(植芝盛平)는 그의 고제(高弟)였다고 그의 저서에서 말하고 있다. 이렇게 본다면 일본 합기도(合氣道)의 원류는 신라(新羅)의 삼랑원의광(三郎源義光)으로부터 전수되었음이 그들 일본 학자의 저서에서 확인되었다"[25]고 주장(主張)한다.

이것은 일본역사의 무지에서 나온 부끄러운 일이며 문장(文章) 해석의 오류는 일반적인 상식의 틀에서도 많이 벗어난 억지 주장이다.

도미키 겐지(富木謙治)교수가 주장하는 내용은「武術私見」— 中里介山への書簡 —에서「大東流合氣柔術」기원설에 대해 계보도(系譜圖)를 설명하는 내용 중에 "淸和天皇

第六皇子 貞純親王 第三子 義光 新羅三郎稱甲斐源氏"5)19)라고 기록되어 있다.

이것은 일본 세이와(淸和)천황의 제6황자 사다즈미(貞純) 친왕(親王, 천황의 적출의 아들·손자)의 후손인「源義光」이라는 의미이다. 또한 신라명신당(新羅明神堂)에서 성년식을 거행하고「시라기 사부로(新羅三郎)」로 개명했는데 이는 신라명신께서 주신 세 번째 아들(三郎)이라는 뜻이다.

이것은 일본어의 관습적인 관용어(慣用語)로 실제로 미나모토 요시미츠(源義光)의 큰 형인 미나모토 요시이에(源義家)는 하치만궁(八幡宮)에서 성인식을 치루고 첫째 아들이란 뜻으로 통칭은 하치만 타로(八幡 太郎)이며 보통 하치만타로 요시이에(八幡太郎義家)로 많이 불린다. 둘째형 미나모토 요시츠나(源義綱) 또한 가모신사(賀茂神社)에서 성년식을 치뤄서 가모 지로(賀茂 次郎)라고 불렸다. 또한 가마쿠라 막부를 개창한 미나모토 요리토모(源賴朝·1147~1199)는 겐지(源氏) 일문(一門·가문)의 씨신(氏神:우지가미)을 하치만(八幡)으로 결정했다. 이후 하치만(八幡)은 일본 사무라이의 전쟁 신이 되었다.

위에서 인용된 '도미키 겐지(副木謙治)설'의 실체(實體)로 도미키 겐지(富木謙治)가 소설가 나카자토 카이잔(中里介山)에게 보낸「武術私見」편지(書簡)의「大東流」기원설에 대한 계보도(系譜圖)를 설명한 일본어 원문의 내용을 소개하면 다음과 같다.

"「武術私見」 － 中里介山への書簡 －

ここに紹介する「武術私見」(昭和三年)は、富木謙治が靑年時代(二十八歲)に、小說家・中里介山に宛てた書簡にあるものである。介山は長篇劍豪小說「大菩薩峠」を書きつぎ、大衆文學に新時代を開いた人として名高いが、當時、富木は親しく接することが出來たようである。

「私見」には、富木が大正十五年に出會った大東流柔術・植芝盛平の衝擊が、いかに大きなものであったかが如實に表現されている。學生時代に嘉納の薰陶を受けた彼の合理精神は、柔道と大東流との比較硏究へと向がわせ、この時期、武道としての大東流の優

位性の主張に傾いていたことがわかる。

　彼は、この「私見」以後も益々熱心に大東流及び武道の研究に邁進した。そして彼の考えは、大東流と柔道の獨自性を的確につかんで、兩者が分化してそれぞれ發展していく理論を展開することになる(後述の「現代體育としての合氣道競技」 等 參照)。

　ここでは、柞木田(たらきだ)龍善氏の名著『中里介山と武術』下卷に掲載された富木の書簡を、同氏の短い解說とともに轉載した。御許可下された柞木田氏と(株)體育とスポーツ出版社に對し深謝したい。(編著)

　(前略)　他にまだ、介山以外の富木謙治という早櫻田大學柔道部出身、柔道五段(昭和二、三年當時)の、劍術に近く槍術に近い呼吸體姿を持っている大東流という流技から見た、講道館柔道を批判した、優れた「武術私見」があるので、これを披露することにする。かつて、奧多摩の澤井にあった介山の武術道場の柔道の教授方を勸めた經歷の人だからである。

＊＊＊

　(1) 今の劍道や柔道は各別々の道のように說かれ、且つ外見上も非常にかけはなれたもののように見えます。然し一つの道としての劍道なり柔道なりは、大きい意味の武道に包含せらるるものではないか、果して然らば殊更らに柔道、劍道として論ずるの要がないようにも思われます。このように說くことは、劍道なり柔道なりその他の武藝を各別個のものとなすような見解に陷り易いように存ぜられます。

　私の見解によりますと、武道という一貫した道あり、この道この眞理が現わるる形式によって、あるいは柔術あり、あるいは劍術あり、あるいは槍術あり、武藝十八番あり、故に進退行動、體姿呼吸みな一致するところがなければなりませぬ。然るに今の柔劍道の如き、だんだん之等の點が懸隔して行くのではないか、特に柔道と劍道と比べるとこの憾があるように思われます。

　柔術の如きは武器を特たないで演ずるものでありますから、諸藝の基本體形ともなら

ねばならぬもののように思われます。之等の點に於いて、懸講道館流よりも大東流柔術は遙かに劍術に近く槍術に近い呼吸體姿を持っているように思われます。

(2) 武道の理由はその道の進むと共にその術に於いても並行して進むにあります。これ卽ちスポーツと異なるところであり、スポーツの壯年時代の數年間その記録を保つに過ぎぬのに比し、武術にあっては老衰せざる限り、老境に至り精神の鍛鍊と共にますますその術の冴えを來すものではないかと思います。

この理想による講道館柔道は疑問の點が多いようであります。四十歳以後に於いては如何なる名人も實力が衰えて來るようであります。結局講道館流はスポーツ化しつつある傾向にあるがためであろうと存じます。私はどうしてもスポーツと武術とは別なように思われます。劍道に於ては柔道に比し幾分この理想に一致し、長持ちがいたします。

大東流柔術はこの講道館流の欠陷を補持しております。一種徵妙な呼吸力は老齢に入ってもなかなか落ちるものではないと思います。もちろん現在の柔道でも呼吸力があり、單なる力とは相違しておりますが、大東流の方は遙かに優れたもののように存ぜられます。

(3) 講道館流は至極く限られた範圍を出です。

これ逆手を斥けたり、勝負法を設けて興味本位とし、一般に普及しないように致した結果であります。スポーツ化したのも之等の理由でありましょう。併しその反面には眞の武術の立場から見たら邪道に行きかけたのではないかと思われます。

大東流は之等講道館流の有しない總てを有し、その範圍自由であり、從って研究の仕樣によっては幾らでも進み得るように思われます。その氣分呼吸など劍術、槍術に一致し得るもののようであります。

右の理由によってまた現講道館流はスポーツとしては非常に意義がありますが、護身術としては多くの弱點欠點を持っております。護身術として見た大東流は殆んど理想的のように思われます。攻擊防御の爲一分の隙も與えぬ周到な用意を持って修業される

點、けだし眞の武道に近いと思われます。

（4）講道館流を女子が現在稽古する人もありますが、極めて不自然な無理な點があるように思います。然るに大東流は女子にとって殆んど理想的であると信じます。講道館流の如き、女子が修得して決して美的姿態になり得るものとは思われませぬが、大東流の足腰の構え、すべて踊や舞と一致するところにあるように見られます。現在の柔道家はイヤに肩が張ったり、いからしたりするような姿勢になりますが、大東流は凡ての力を指頭に集め、なだらかな最も自然な姿勢に重きをおきますから右のようなことはありません。

（5）修業法の相違であります。元來修業法に二つあります。
即ち一は型より亂取りへ。一は亂取りより型への方法があります。講道館柔道のみならず現在の劍道に於いては凡て後者をとっているようであります。この點に於いても現在の武術は弱點を暴露しているのではないかと思います。亂取を主とする弊としては自分の得意とする一方の技にのみ偏る傾きがあり、且つ道を外れて體力にのみ墮し易い。體育としてならば、例えば角力のような柔道でもまたカチャカチャなぐり合いの劍道でもよいでありましょうが武術の眞精神を會得するにはまず充分型によってその眞味を體得し熟するに從って亂取に入う方が誤りないように思われます。大東流はこの方法をとります。ただここに注意せねばならぬ事は、型と申しましても決して講道館のそれのように投の型十五本、極の型何本と限られた固定したものではなく、如何なる場合、如何なる體形をも豫定して、それに應じ得るよう變通自在なものでありまして、型即亂取りといったようなものであります。

（6）講道館と大東流との歷史的研究によって、その長短特質、共通連絡の點など知り度いと思っておりますが、日なお淺くまたその餘裕もなくております。ただ植芝先生がら頂戴した卷物（秘傳目錄）に左のような大東流の系圖がありますから、それを寫してみます。

'清和天皇第六皇子　貞純親王

御長子	経　基	世稱六孫王賜姓源氏正四位鎮守府將軍
御長子	滿　仲	生子攝津多田正四位下鎮守府將軍
御四子	賴　信	甲斐守後從四位上任上野常陸介
長　子	賴　義	相模守後陸奧守鎮守府將軍
第三子	義　光	新羅三郎稱甲斐源氏
長　子	武田義清	稱武田冠者世居甲斐
長　孫	武田信義	稱太郎
長　子	武田信光	稱五郎太膳太夫
十餘世	武田信滿	稱伊豆守
長　子	武田信重	稱太郎
長　子	武田國繼	稱土佐守舊會津藩
十餘世孫	武田惣右衛門	稱內匠守舊會津藩
孫	武田惣角源正義	福島縣河沼郡廣瀨村御池田六十三番地
		（現在北海道に居住七十餘歲）'

　この方が植芝先生の師匠です。

　先生のお話によると、身長四尺九寸、體重十三貫、然もその技神に入るとも云うか、全國を二回遊歷されたそうですが、まだ破れたことがないとか申しております。ただ植芝先生の非常な信仰家なるに比し、性非常に殘忍狹量なる爲人に容れられず落ちぶれているらしいです。この先生の實力の優れていることは美際淺野正恭中將がよく知っております。

　何を申しても大東流の硏究に入って日が淺いのですから、これからやっている間に前の考えと異なって來るかもしれませんが、要するに現在の私としては講道館柔道に物足りなさを感じている際大東流を見出したことは、非常な興味と前途の光明を得たような氣が致しております。(昭和三年五月)

＊　＊　＊

　介山先生は、富木氏は秀才にして謙遜家であると、序に書いているが、介山のいったそのままが、富木氏のこの文章に表現されているようである。"5)19)

　위의 일본어 원문 내용은 당시 28세의 젊은 도미키 겐지(富木謙治) 교수가 평소 교분이 있었던 당대 최고의 검호(劍豪) 소설가 나카자토 카이잔(中里介山·1885년 4월 4일~1944년 4월 28일)에게 보낸 무도사견(武道私見)이라는 장문의 편지이다.
　당시 유도에 심취해 있었던 도미키 겐지는 유도기술에 한계를 느끼고 있던 차에 우에시바 모리헤이의 다이토류(大東流)를 보고 감탄하여 유도와 다이토류를 비교 분석하고 자신이 느꼈던 바를 지인이었던 나카자토 카이잔(中里介山)에게 설명하고 있다.

　정확한 이해를 위해 편지 내용 일부를 원문 그대로 번역하여 옮겨본다.

　문장 (A) "고토칸(講道館) 유도와 다이토류의 역사 연구에 있어 그 장단·특질과 공통 연락(連絡)점을 알고 싶다고 생각하고 있습니다만, 시간과 여유가 없습니다. 다만 우에시바 선생에게 받은 비전 목록에는 다음과 같은 다이토류의 계보가 있습니다.
　講道館と大東流との歴史的研究によって、その長短特質、共通連絡の點など知り度いと思っておりますが、日なお淺くまたその餘裕もなくております。ただ植芝先生がら頂載した卷物(秘傳目錄)に左のような大東流の系圖がありますから、それを寫してみます。

淸和天皇第六皇子　貞純親王
…(중략)…
孫　　武田惣角源正義　　　福島縣河沼郡廣瀬村御池田六十三番地
　　　　　　　　　　　　　　　(現在北海道に居住七十餘歲)"

문장 (B) "이분(다케다 소가쿠)이 우에시바 선생의 스승입니다.

선생의 말씀에 의하면 신장145cm, 체중 50kg정도로 자못 그 기술은 신기에 가깝고, 전국을 2회 순회했다고 합니다. 또 평생 져본 일이 없다고 합니다. 다만 우에시바 선생이 상당한 신앙가인데 비해 성격이 잔인협량(殘忍狹量)하여 위인의 반열에는 들지 못한 것 같습니다. 이 선생의 뛰어난 실력은 아사노 세이쿄(淺野 正恭)중장이 잘 알고 있습니다.

다이토류에 대한 연구기간이 짧아서 앞으로의 생각이 달라질지 모르겠습니다만 현재의 저로서는 고토칸(講道館) 유도에 뭔가 부족함을 느끼고 있던 차에 다이토류를 발견했다는 것은 상당한 흥미(興味)와 앞으로 나아갈 길(前途)에 광명을 얻은 느낌입니다. (1928년 5월)

この方が植芝先生の師匠です。

先生のお話によると、身長四尺九寸、體重十三貫、然もその技神に入るとも云うか、全國を二回遊歷されたそうですが、まだ破れたことがないとか申しております。ただ植芝先生の非常な信仰家なるに比し、性非常に殘忍狹量なる爲人に容れられず落ちぶれているらしいです。この先生の實力の優れていることは美際淺野正恭中將がよく知っております。

何を申しても大東流の研究に入って日が淺いのですから、これからやっている間に前の考えと異なって來るかもしれませんが、要するに現在の私としては講道館柔道に物足りなさを感じている際大東流を見出したことは、非常な興味と前途の光明を得たような氣が致しております。(昭和三年五月)"

이것이 도미키 겐지(富木謙治) 설(說)의 실체이다.

위 편지의 내용은 도미키 겐지가 대학원 졸업 당시에 쓴 것으로 타라키다 루젠(柞木田 龍善)의 『中里介山と武術(下), 体育とスポーツ出版社, 1979. pp. 207~211』, 그리고 도미키 겐지 자신의 논문집인 『武道論, 大修館書店, 1998年. pp. 204~208』에 나와 있는 내용이다.

그러나 한국의 합기도 관련 협회나 단체·합기도를 연구하는 전공 연구자들이 원문을 오역(誤譯)·오독(誤讀)·개작(改作) 인용한 것이다.

도미키 겐지(富木謙治) 교수와 대한합기도협회 사범연수 교본 양쪽이 주장하는 문장의 내용은 뜻이 크게 다르다. 무엇보다도 도미키 겐지 교수는 일본 아이키도(合氣道)의 기원을 한국에 있다고 주장한 것이 아니다.

이처럼 시라기(新羅)·사부로(三郎)라는 일본식 한자 표기를 근거로 삼아 일부 한국의 합기도 연구자들이나 합기도 단체에서 「시라기 사부로 요시미츠(新羅三郎義光)」를 신라 사람으로 신라의 무술이 일본의 아이키도(合氣道)로 전래되었다는 내용으로 둔갑하여 일본의 아이키도(合氣道)나 한국 합기도 역사를 왜곡하는 억지 주장은 일본 역사나 일본어 이해 부족으로 문장을 잘못 해석(誤讀·誤譯)한 것으로 추정된다.

이러한 무리한 역사해석의 근저(根柢)에 합기도는 한국 고유의 무술이라는 정통성을 부여하기 위해 '도미키 겐지(副木謙治) 설'을 끌어들이려는 억지 시도로부터 비롯되었다고 볼 수 있다.

사족(蛇足)을 붙이자면 도미키 겐지(富木謙治·1900~1979)의 무도가적 삶과 행적(行蹟)에 대해서 주목할 필요가 있다.

도미키 겐지는 원래 유도 창시자인 가노 지고로(嘉納治五郎·1860년 12월 9일~1938년 5월 4일)의 가장 아끼는 제자 중의 한 명이었다가 아이키도(合氣道)로 전향하였으나 양쪽 진영 모두에서 이단아(異端兒)적 성향을 보였다고 볼 수 있다.

즉, 유도의 창시자와 아이키도 창시자에게 각각 유도와 아이키도를 배운 인물로 유도 8단과 아이키도 8단을 취득하였고 스포츠화에 성공한 유도를 보고 아이키도의 스포츠화를 시도했으며 시합이 존재하는 가타(形)+자유연습 중심의 쇼도칸 아이키도(昭道館 合氣道)유파인 일본 아이키도협회(合氣道協會)를 설립하였다.

도미키 겐지는 소학교 4학년 때 유도를 배우기 시작하여 중학교를 졸업할 때는 체육상과 우등상을 동시에 수상했을 만큼 일찍이 문무양도에 재능이 특출 났던 인물이었다. 22살에 와세다 대학의 정치경제학부에 입학해서도 유도부원으로 활약했으며, 다음 해인 1923년에 「동경유도학생연합회」가 결성되자 와세다 대학을 대표해 상무위원이 되었다.

이때부터 그는 학생 대표의 신분으로 자연스럽게 가노 지고로를 만날 수 있게 되었다. 그리고 가노 지고로(嘉納治五郞)의 가르침과 합리적인 사상은 훗날 도미키 겐지의 무도사상에 고스란히 녹아들게 된다.

1926년 가을 와세다 대학 졸업을 앞두고 있었던 도미키 겐지는 친구 니시무라 히데타로우(西村秀太郞)의 소개로 우에시바 모리헤이(植芝盛平)를 만나게 된다.

당시 도미키 겐지는 유도에서, 급소 지르기 기술인 주먹·팔꿈치·발끝 등으로 상대의 급소를 찌르거나 치는 기술인 당신기(当身技: 当て身, 아테미·あてみ)가 사라진 유도의 실전성(實戰性)에 대해 상당한 의문을 품고 있었기에 그에게 다이토류(大東流)의 발견은 한마디로 충격 그 자체였다.

이때의 감흥(感興)을 당시 검호(劍豪) 소설의 대가였던 나카자토 카이잔(中里介山)에게 무도사견(武道私見)이라는 장문의 편지를 쓰게 된다. 그 내용 속에는 당시 도미키 겐지의 무도에 대한 열정과 무도 연구가로서의 재능, 그리고 그의 눈에 비친 다이토류(大東流) 기술의 실체에 대해 잘 나타나 있다.

이때부터 그는 다이토류(大東流) 수련에 심취하게 되는데, 당시 함께 수련했던 인물이 아사노 세이쿄(淺野 正恭) 중장과 다케시타 이사무(竹下勇) 해군대장 등이었다.

1927년 우에시바 모리헤이가 도쿄(東京)로 이주해 오자 다케시타 이사무는 군 장성들을 비롯해 정·재계의 유력한 인사들로 구성된 후원회 성격의 동호회를 결성했다. 이때 도미키 겐지는 간사, 조수역을 맡으므로서 자연스럽게 그들과 교분을 쌓을 수 있었는데, 당시 다케시타 이사무는 도미키 겐지에게 무도가의 길을 적극 권유했다.

실재 도미키 겐지는 1979년 와세다 대학교 아이키도부 창립 20주년 기념사에서 자신이 아이키도 연구에 뜻을 두고 지금 이 자리에까지 서게 된 것은 다케시타 이사무 해군대장의 강력한 권유가 있었기 때문이었다고 밝히기도 했다.

대학원을 졸업한 도미키 겐지는 잠시 동안 전력회사에 취업했다가 고향으로 돌아가 중학교에서 교편을 잡게 된다. 하지만 무도(武道)에 대한 미련을 버릴 수 없었던 그는 학교생활 중에도 유도수련을 게을리하지 않았으며 방학기간 중에는 반드시 우에시바 모리헤이를 방문하여 다이토류 수련을 지속했다.

그러나 그것만으로는 그의 무도에 대한 열정을 다할 순 없었다. 결국 3년 만에 교직을 그만 두고 상경한 도미키 겐지는 우에시바 모리헤이의 집 근처에 머물며 다이토류(大東流) 수련에 몰두하게 된다. 그러던 중 1932년 3월 1일, 일본은 중국의 만주 지역에 괴뢰 국가 만주국을 설립하였고 도미키 겐지는 만주건국대학(滿洲建國大學) 무도교관으로 1937년 부임하였으며, 1941년부터 정식교수로 취임하게 된다.

만주로 떠나기에 앞서 도미키 겐지는 인사차 가노 지고로를 방문했다. 이때 가노 지고로는 격려의 말과 함께 다음과 같은 숙제를 주게 된다.

"도미키 겐지군. 우에시바 모리헤이 선생에게 자네가 배우고 있는 다이토류 기술이 유도에도 필요하네. 옛날 유술이라고 하는 것은 모두 다이토류 기술과 비슷한 것이었지. 그러나 그것을 어떤 식으로 연습시킬지가 문제이지. 어려운 문제일세."

이 말에 고무된 도미키 겐지는 "선생님의 유도원리를 적용하면 불가능할 것도 없다고 생각합니다."라고 대답하고 스스로의 결의를 새롭게 다지게 된다. 그 후 가노 지고로는 1938년 이집트 카이로에서 개최된 제38차 IOC 총회 참석후 귀국 도중 폐렴으로 파란만장했던 생을 마감하게 되는데 이것이 두 사람의 마지막 만남이 되었다.

만주에서 새로운 삶을 시작하게 된 도미키 겐지는 학생들을 지도하기 위해 유도와 다이토류는 물론 검도와 가라테(karate·空手道)까지 연구하게 된다. 그리고 그 연장선상에서 중국 무술에까지 관심을 갖게 됨으로서 자연스럽게 무도연구가의 길을 걷게 된다.

이때부터 「유도원리」등 다수의 논문들이 발표되는데, 그 중에서 가장 주목하게 되는 것은 "유도에 있어 이격태세(離隔態勢)의 기(技)에 대한 체계적 연구"이다.

이것은 종래의 유도가 '잡고 하는 유도'였다면, '떨어졌을 경우의 유도'에 대한 연구였다. 주요 과제는 떨어진 상태에서 무기(武器)나 타격기(打擊技) 공격을 받았을 때 유도로써 어떻게 그것을 방어하고 제압할 것인가였다.

결국 이것은 가노 지고로가 자신이 만든 승부법으로 인해 반쪽이 되어버린 고류 유술을 광의의 유도로 되살려 내려고 했던 일생의 숙제였던 것이다.

그것을 도미키 겐지가 계승하여 가노 지고로의 면전에서 다짐했던 스승과의 약속에 대한 실천 과정이었던 것이다.

도미키 겐지의 이와 같은 생각은 해군소장(少將)을 지낸 코도칸(講道館)의 2대 관장이었던 난고우 지로(南鄕次郞, 1876~1951・1938~1946까지 코도칸 관장 역임)를 비롯해 많은 유도계 선배들이 뜻을 같이 하였다. 이리하여 1940년부터 코도칸(講道館)에서는 매년 여름 '이격(離隔)의 기(技)' 연구위원 강습회가 열렸는데 이때 도미키 겐지는 강사의 자격으로 참가했다.

이렇게 유도의 제2 승부법에 대한 연구가 활발하게 진행되고 어느 정도 틀을 갖추게 될 시점인 1945년 8월 15일 일본은 태평양 전쟁에서 패전하고 만다. 이때부터 일본은 '연합국총사령부(聯合國總司令部: General Headquarters of Supreme Commander for the Allied Powers・略 GHQ, SCAP)'에 의해 통치되었고 그들은 무도(武道)는 군국주의의 산물이라 하여 학교체육에서는 물론, 사회체육으로서도 전면 폐지시켜 버렸다. 거기에 무도(武道)라는 용어의 사용조차도 금지되었을 만큼 한 마디도 일본 무도의 암흑기를 맞게 된 것이다.

이처럼 쇼와 20(1945)년 패전(敗戰) 이후 짧은 기간이지만 무도도 획기적인 변화를 경험한 시기이다. 패전(敗戰) 직후와 그 이전과는 한 선을 그어도 좋을 것으로 생각한다. 이 시기는 이른바 무도교육의 공백기라 해도 좋다. 일본은 처음으로 점령행정을 경험하였으며 끝이 어떻게 될 것인가도 분명하지 못하였다.

무도시설은 황폐하고 무도 관련 용구(용품)도 없었다. 무엇보다도 식량이 부족하였기 때문에 배고프게 하는 무도는 환영받지 못하였으며, 전시무도(戰時武道)의 기억도 생생하여 무도교육으로서는 좋은 시기는 아니었다.

이시기 모든 무도교육 정책은 총사령부 내의 민간정보교육국 — 문부성 라인에 따른 각종 통첩에 의존하였기 때문에 쇼와 20(1945)년 10월 22일자의 '일본교육제도에 관한 관리정책'의 방침에 따른 것이었다. 크게 구분하면 이 교과내용에 관한 군사적 색채를 가진 교재의 제거와 유희・스포츠의 장려로 인해 훈련 주의적 획일적 형식주의의 시정을 중요한 지침으로 시행되었다.

"무도에 관한 통첩은 무도를 정과(正課)뿐만 아니라 과외활동으로서도 중지한다는 취지이다. 무도가 왜 제외되게 되었는가? 그것은 오히려 쇼와 21(1946)년 11월 내무성(內務省)령으로 대일본무덕회(大日本武德會・1895년 창립)가 해산된 경위에 대하여 살펴보면 알기 쉬울 것이다.

무덕회 해산 이유는 ① 중앙집권적 단체로 단순한 클럽조직으로 인정되지 않는다는 것. ② 임원에 구 직업군인과 경찰관계자가 세력을 가졌다는 것. ③ 군국주의적 경향을 보유한다는 것. ④ 중앙본부가 막대한 자산을 가지고 있다는 것 등이 었으며, 교과내용에서 제거된 직후의 이유는 아마 예를 들면 전시중(戰時中) 도검(刀劍)을 병기(兵器)로서 어떻게 효과적으로 사용하는가를 훈련하는데 이용하였는가, 그리고 스포츠 관점에서 본 무도(武道) 자세에 문제가 있었다 정도였을 것이다.

무도와 스포츠의 관계는 이전(1925년)에 문제가 된 적이 있으나 이 조치는 무도라는 총괄적 명칭이 사라짐과 동시에 스포츠로서의 입장에서 재고할 기회를 부여하였다. 이리하여 유도는 쇼와 25(1950)년, 궁도는 쇼와 26(1951)년, 죽도경기는 쇼와 27(1952)년, 검도는 쇼와 28(1953)년부터 다시 학교에서 실시하게 되었다."[29]

이러한 시대 상황으로 인해 코도칸(講道館)에서 조차도 더 이상 유도의 제2 승부법에 대한 논의가 진행될 수 없었다. 패전과 더불어 3년간 소련에서 억류 생활을 해야만 했던 도미키 겐지는 1948년 늦은 가을에 귀국했다.

귀국과 더불어 그는 코도칸(講道館)의 상임 간사로 취임하고 사무국 운영을 담당하게 되지만 유도계의 현실은 이전과는 판이하게 달라져 있었다.

1949년 당시 문무대신(文部大臣)이었던 아마노 데이유(天野貞祐)는 맥아더 사령관에게 탄원서를 보내 유도를 학교체육으로 부활시켰다. 하지만 그것은 무도가 아닌 스포츠로서의 철저한 전환을 전제조건으로 한 것이었다.

이러한 상황 속에서 과격한 타격기를 위주로 하는 경기방식을 만든다는 것은 자칫 연합국총사령부(聯合國總司令部・略 GHQ)를 자극할 소지가 있었기 때문에 유도계 전반에서는 유도의 제2 승부법 창안에 상당히 회의적일 수 밖에 없었다.

게다가 가노 지고로가 생전에 적극 추진하였던 해외보급이 상당한 성과를 거두고 있었고 유도를 올림픽의 정식종목으로 채택시키기 위해 국가를 비롯해 일본체육계 전체가 들떠 있는 상황에서 굳이 새로운 경기방식을 만들어 스스로의 한계점을 인정할 필요는 없었던 것이다.

또한 가노 지고로의 사후 일본 무도계에서 코도칸(講道館)의 입지는 이전만큼 튼튼하지 못했다. 이러한 시점에서 코도칸(講道館)이 비록 유도의 제2 승부법을 만들었다고 하더라고 그것이 채택되기는 힘들었을 것이다.

설혹 코도칸(講道館) 상층부의 강력한 의지에 의해 그것이 관철되었다고 하더라도 또다시 새로운 기술과 경기방식을 해외에까지 전파시키기에는 너무나도 많은 인력과 시간이 필요했고 그들이 뜻한바 대로 성공하리라는 보장도 없었다.

1951년 도미키 겐지는 모교인 와세다 대학의 전임강사 겸 유도사범으로 취임했다. (1954년 정식교수 취임) 취임과 더불어 도미키 겐지는 재계 지인들의 도움을 받아 유도부 학생들을 위주로 제2 승부법을 연구, 보급시키고자 했다. 하지만 이내 현실적인 어려움을 인정할 수밖엔 없었다.

이미 국제적인 규칙에 의해 유도경기가 활성화되어 있었고 모든 학생들은 그 규칙에 따라 연습할 수밖엔 없었다. 결국 도미키 겐지는 유도 속에서 타격기를 위주로 하는 경기를 만들어 낸다는 것이 현실적으로 불가능하다는 것을 깨닫게 된다.

이에 도미키 겐지가 선택한 것이 아이키도의 경기화였다. 그 전초작업으로서 도미키 겐지는 와세다 대학의 체육국에 아이키도부 창설을 신청했다. 그리고 동시에 정과(正課) 체육으로도 신청을 하는데, 당시 이것을 결정할 체육협의회로부터 다음과 같은 조건을 제시받는다.

일본 무도(武道)로서의 전통적 가치, 현대 체육학적 의의와 연습체계, 장래의 국제적 보급 발전성에 대한 타당성을 서류로 제출하고 향후 반드시 경기화가 가능하게 만들 것을 조건으로 승인을 받게 된다.

하지만 이러한 조건들과 경기화를 지향하는 도미키 겐지의 목표는 아이키도 본연의 비시합주의 이념과 두꺼운 벽에 부딪히는 결과를 가져온다.

이처럼 도미키 겐지는 유도와 아이키도 양 진영의 몰이해와 당시의 시대적 상황 속에서 본인이 소망하는 새로운 아이키도의 경기화 방안을 대중화시키지는 못하였으나, 도미키 겐지에 대한 우에시바 모리헤이의 많은 관심과 애정은 아이키도계 내부에서는 많이 알려진 사실이다.

1940년 일본 건국 기념일인 기원절(紀元節・키겐세츠)을 맞아 우에시바 모리헤이는 그간의 낡은 면허 제도를 시대 조류에 맞는 단위제로 바꾸게 된다. 그리고 전년도부터 신청 중이었던 재단법인 코부카이(皇武會)가 후생성으로부터 인가를 받게 된다.

이때 우에시바 모리헤이에게 최초로 8단을 수여 받은 사람이 도미키 겐지였다. 그만큼 우에시바 모리헤이에게는 도미키 겐지가 의미 있는 제자이자 그에 상응하는 인품과 실력을 갖춘 인물로 평가받았을 것이다.

도미키 겐지가 연구했던 '이격(離隔)의 기(技)'는 가노 지고로가 생전에 이루어 내고 싶었던 유도의 제2 승부법이었다. 그것을 도미키 겐지는 아이키도의 기술을 근간으로 하여 이루어내고자 했다.

즉, 도미키 겐지에게 있어서 유도나 아이키도는 별개의 것이 아니라 일본의 전통무술이라는 큰 테두리 안에 있는 같은 무술이었던 것이다.

따라서 그가 만들고자 했던 타격기와 관절기를 위주로 하는 승부법은 그 것이 유도에 있어서 제2의 승부법이 되었던 아니면 아이키도 경기였던 그다지 중요한 문제가 아니었다.

그저 기존의 유도가 국제적인 스포츠 단체로 거듭남에 따라 자신이 이루고자 했던 꿈을 담아낼 수 없게 되었다면, 그것을 아이키도를 통해서라도 그 꿈을 이루고 싶었던 것이다. 이것이 곧 가노 지고로와의 약속에 대한 실천이자 일본 무도를 위해 해야 할 자신의 소명으로 보았던 것이다.

하지만 결국 아이키도계에서도 그의 뜻은 관철되지 못한다. 사실 이때까지만 하더라도 아이키도는 유도에 비해 훨씬 많은 수련비를 받았고 2명 이상의 추천이 있어야만 입문할 수 있을 만큼 고급화 전략 또는 신비주의적 보급체계를 가지고 있었다.

특히 우에시바 모리헤이는 자신의 무술이 일반인들에게까지 대규모로 공개되는 것을 극단적으로 싫어했다. 이러한 아이키도계의 정서에서 승부를 겨루는 경기의 도입은 그동안 쌓아왔던 공든 탑이 하루아침에 무너질 수 있다는 두려움을 주게 되었을 것이다.

법인화가 추진되던 시점부터 아이키도는 우에시바 모리헤이 창시의 무술로 선전되었고 또 그렇게 인정되고 있었다. 그리고 독자적인 단위제의 채택으로 다케다 소가쿠의 다이토류와는 사실상 결별을 선언하게 된다.

일본의 전통적인 사고로 보면 아이키도가 우에시바 모리헤이 창시의 무술이란 의미는 그의 무술이 이에모도(家元)가 형성되고 아이키도는 우에시바 모리헤이 집안의 기예(技藝) 면허권을 가진 독창적인 기술이 됨을 의미한다. 즉 아이키도는 우에시바 모리헤이 집안의 무형의 자산이자 권리였던 것이다. 이에모도(家元)를 만들기 위해 2대 도주(二代道主)인 우에시바 키쇼마루(植芝吉祥丸·1921~1999)를 주축으로 우에시바 모리헤이 추종세력들이 창시자에 대한 신성화 작업을 구축하였고 볼 수 있다.

이렇게 신성화된 우에시바 모리헤이의 신비한 기술이 승부의 장(場)을 통해 현실적으로 보여 질 때 그 허상으로 인해 돌아올 부정적인 면들에 대한 두려움은 당시 아이키도(合氣道)계에서는 감당해내기 힘들었을 것이다.

사실 가노 지고로는 유도의 경기화를 통해 일본 고류 유술이 가졌던 맹신성이나 편협함에서 탈피하여 객관적인 실력의 평가를 가능케 했고 과학적인 수련체계를 만들었지만, 지나치게 승부 위주로 빠져들게 되는 폐단도 가져왔으며 그 자신도 이러한 유도에 대해 비판하고 반성한 적이 있다.

이러한 현실에 대해 잘 알고 있었던 우에시바 모리헤이 추종세력들에게 결국 유도의 경기화에 따른 부정적인 단면은 아이키도의 경기화를 반대할 충분한 명분을 제공하였다.

당시 일본의 무도계란 전통적인 관습이나 형식 상하 관계가 중요시되는 세계였다. 거기에서 독창성이나 창조성이란 것은 자칫 이단(異端)시되기 쉽고 무지(無知)에 의해 배척되기 일쑤였다.

물론 지금도 우에시바 모리헤이 계열에서는 아이키도의 경기화는 고려되고 있지 않다. 그 이유는 경기 즉 승부는 천지자연의 조화에 반하기 때문이라 말하고 있다.

아이키도는 자연과 일체가 되어 조화를 이루는 것이 수련의 목적이기 때문에 승부를 통해 생겨나는 이기고 싶다는 마음이나 상대를 쓰러뜨리고 싶다는 집착심이 생겨나는 것은 곧 자연의 이치에 반한다고 보고 있다.

결과적으로 도미키 겐지는 일생을 유도와 아이키도에 몸담고 누구보다도 애착을 가지고 연구하였지만 그의 주장은 결국 공허한 메아리로 돌아올 뿐이었다.

처음부터 그는 자신의 아이디어를 코도칸 유도이든 아이키도의 조직이든 공동연구하고 싶다는 희망을 가졌었고, 또 그것에 대한 충분한 이론과 실력을 갖추었음에도 불구하고 결국 그의 생전 시대적 상황은 그의 모든 것을 계속 부정했다.

이처럼 아이키도 속에서도 자신의 꿈을 펼칠 수 없게 되자, 도미키 겐지는 1960년경에 아이기 란도리(合氣亂取リ)를 창안하여 자신의 제자들을 통해 그것을 보급하기 시작했다. 그리고 1970년 와세다 대학을 정년퇴임하면서 제1회 전 일본 학생 아이키도 경기대회를 개최하는데 이때부터 공식적으로 아이키도 경기라고 명칭을 사용하게 된다.

또한 1974년에 일본 아이키도협회를 발족하여 회장으로 취임하고 이때부터 본격적인 활동을 하게 되지만, 1979년 결장암으로 생을 마감할 때까지 뚜렷한 성과를 거두지는 못했다. 하지만 도미키 겐지의 사후에도 그의 제자들에 의해 아이키도 경기는 지속되었고 특히 해외에서 도미키 겐지의 합리적인 사상과 도미키류 아이키도의 우수성이 알려지면서 점차 활성화되기 시작했다. 누구도 예상하지 못했던 일이었다.

그 결과 1989년에는 8개국에서 참가한 선수가 도쿄(東京)에 모여 제1회 국제 아이키도대회가 개최되었다. 이후 1990년에는 전미 아이키도대회, 1991년에는 영국에서 국제대회가 개최되었다.

1991년 당시 80여개의 도장이 있었던 영국 협회를 필두로 구미협회, 미국협회, 호주협회 등의 유력한 국제 조직들이 생겨나게 되고 현재로 전 세계 40여 개국에 전파되어 정기적으로 국제대회가 개최되는 등 도미키류 아이키도가 활성화되고 있다.

도미키 겐지는 1940년에 아이기도 8단, 1970년에 유도 8단을 취득한 전문 무도인이자 생애 130여 편의 논문을 발표하며 초창기 일본무도학회를 이끌었던 최고의 무도연구가였다.

일생동안 그 누구도 도미키 겐지가 화를 낸 모습을 본 적이 없다고 할 만큼 인격자로서 서화(書畵)에도 능숙했던 것으로 알려지고 있다. 게다가 만주 건국대학에 재직시에는 민족운동을 하다가 구속된 제자들을 위해 헌병대를 찾아가 스스로 대변인을 자처했던 평화주의자였다.

그럼에도 그가 일생을 통해 이루어 내고자 했던 고류 유술의 경기화는 기득권 층으로부터 배제되어 결국 그를 유도와 아이기도계의 이단아로 만들어 버렸던 것이다.

따라서 본 연구는 다이토류 아이키쥬쥬츠가 일본 아이키도의 형성과정에 미친 영향과 현대 무도로의 내부 발전경로를 살펴봄으로써 아이키도의 이념과 무도스포츠 교육적 가치를 제시하는데 목적이 있다.

더불어 아이키도의 현대무도 형성에 다이토류 아이키쥬쥬츠 유입(流入)과정과 무도 기술체계 및 이념형성에 미친 영향이 무엇인지 살펴보는 것에 연구의 초점을 맞추기로 한다. 이러한 맥락에서 연구방법은 아이키도와 관련된 서적 및 논문 등의 자료를 기본 텍스트로 문헌 고찰의 한 방법인 문서 내용분석법을 이용하여 접근하였다.

Ⅱ. 아이키도(合気道)의 성립과 다이토류 아이키 쥬쥬츠(大東流 合気柔術)와의 관계

1. 아이키도(合氣道)의 원류

아이키도(合氣道·Aikido)는 우에시바 모리헤이(植芝盛平·1883~1969)가 창시한 현대무도이다. 우에시바 모리헤이는 와카야마현 타나베시(和歌山縣 田辺市)에서 태어났으며, 156㎝의 왜소한 체격이었으나 젊을 때부터 키토류(起倒流·柔術)와 신카게류(神陰流·劍術)에 깊은 관심을 갖고 꾸준히 수련해왔다.

그러던 중 다이쇼(大正) 4년(1915) 홋카이도(北海道)에서 황무지 개척시 고향 사람들의 단장으로 노력하고 있을 때, 다이토류 아이키쥬쥬츠(大東流 合氣柔術)의 중흥의 시조

(始祖) 다케다 소가쿠(武田惣角·1859~1943)를 만나 그의 제자가 되어 다이토류 아이키쥬쥬츠의 비전오의(秘伝奧義) 목록(目錄)을 전수받았다.[4] 그후 모리헤이는 엄격한 정신적 수행을 거쳐 아이키도를 현대적 신(新)무도로 탄생시킨 것이다.

이처럼 다이토류 아이키쥬쥬츠가 아이키도의 현대무도 형성에 발전 토대가 된 역사적 사실과 다이쇼(大正)에서 쇼와기(昭和期)에 걸쳐 아이키도의 명칭은 여러 가지로 바뀌었지만 에도시대(江戸時代)에 생겨난「아이키쥬쥬츠(合氣柔術)」의 '아이키(合氣)'의 명칭은 바뀌지 않았다[4]는 것은 개념적, 역사적으로 기술적 연관성과 동질감에서 벗어나기 힘든 것을 보여주는 것으로 이런 추론을 잘 뒷받침하고 있기 때문에 아이키도의 성립과 원류를 찾기 위해서는 먼저 그가 수련한 전래 무술 다이토류 아이키쥬쥬츠의 기원부터 살펴보아야 한다.

다이토류 아이키쥬쥬츠는 누가 언제 만들었고, 어떻게 다케다 소가쿠에게 전승되었는지에 대한 학설은 많이 발표되고 있다.

그러나 아직 다케다 소가쿠 이전의 기록 문헌이 발견되지 않아 자세한 유파 형성과 기원의 구체적 내용은 명확하게 알 수 없다는 주장을 일본에서도 인정하여 받아들이고 있다.

또한 소가쿠가 옛 아이즈번(會津藩) 가신(家老)으로서 당시 후쿠시마현 료젠신사(福島縣 靈山神社) 신관(宮司·神官)인「사이고 다노모(西郷頼母, 후에 호시나 치카노리, 保科近悳로 개명)」에게 사사(師事)한 사실도 소가쿠 사후(死後)에 알려지는 등 사이고 다노모 이전의 전승기록도 사료적(史料的)으로 전해지지 않고 있는 것이 현실이다.

이런 맥락을 감안할 때, 다이토류 아이키쥬쥬츠는 다케다 소가쿠가 사이고 다노모에게 전수받은 쥬쥬츠(柔術)를 토대로 해 다이토류 쥬주츠(大東流柔術)라는 유파명(流派名)을 형성하고,[18] 여기에 다이쇼(大正) 11년(1922)에 '아이키(合氣)'의 개념을 수용하면서「다이토류 아이키쥬쥬츠(大東流 合氣柔術)」의 명칭이 성립(확립)되었다고 추론할 수 있다.

2. 다이토류(大東流)의 기원

다이토류(大東流) 측의 전승기록에 따르면 아이키도의 원류인 다이토류는 9세기말 세이와(淸和)천황의 제6황자 사다즈미(貞純) 친왕(親王, 천황의 적자)에서 시작되어, 미나모토(源) 가(家)에 대대로 전승되다가 11세기 무렵에 하치만타로 요시이에(八幡太郎義家)의 제자 무장「시라기 사부로 요시미츠(新羅三郎義光·미나모토 요시미츠, 源義光이라고도 함)」에게 전승되었다고 알려져 있으나, 일반적으로「시라기 사부로 요시미츠」를 시조로 여긴다.

이후 야마나시현 카이시(山梨縣 甲斐市)의 다케다(武田) 가문(家門·家系)을 거쳐 후쿠시마현(福島縣) 아이즈(會津) 지방의 다케다 쿠니츠구(武田國次)에 의해 아이즈번(會津藩)에 대대로 비전 무술로 전승되었다고 주장한다.[15)16)]

그리고 메이지(明治) 31년(1898)에 아이즈번 중신 사이고 다노모(西鄕賴母, 1830~1903)는 새로운 시대에 걸맞은 무도를 위해 아이즈번의 비법(祕法)으로 전수되어 내려오던 오시키우치(御式內, 체포술과 포박술)를 공개 및 보급하기로 결정하고, 사이고 다노모의 특명을 받은 아이즈번의 다케다 토사쿠니츠구(武田土佐國次)의 후손 다케다 소가쿠가「다이토류 아이키쥬쥬츠(大東流合氣柔術)」의 이름으로 일반인에게 보급하면서 유파(流派)가 형성되었다는 주장은 이미 확고한 사실로 정착되었다.[18)]

다이토류 측이 주장하는 계보(系譜)는 다음과 같다.

다케다 토사쿠니츠구(武田土佐國次) → 호시나 마사유키(保科正之, 아이즈번, 會津藩의 시조) → 호시나 마사츠네(保科正経, 아이즈번 2대) → 마츠다이라 마사카타(松平正容, 아이즈번 3대) → 마츠다이라 카타사다(松平容貞, 아이즈번 4대) → 마츠다이라 사다아키(松平容頌, 아이즈번 5대) → 마츠다이라 카타오키(松平容住, 아이즈번 6대) → 마츠다이라 카타히로(松平容衆, 아이즈번 7대) → 마츠다이라 카타타카(松平容敬, 아이즈번 8대) → 마츠다이라 카타모리(松平容保, 아이즈번 9대) → 사이고 다노모(西鄕賴母: 호시나 치카노리, 保科近悳) → 다케다 소가쿠(武田惣角) → 다케다 토키무네(武田時宗)[15)16)]

※ 武藝流派大事典, 綿谷 雪・山田忠志 編, 新人物往來社, 1969. p. 430, pp. 442~444 재인용 편집

<大東流 合氣柔術 系譜圖>[11]

3. 다이토류(大東流)의 명칭(名稱) 유래

다이토류(大東流)의 유파 명칭은 '시라기 사부로 요시미츠'가 「다이토노 야가타(大東の館)」에서 살았기 때문에 유래한다는 설과 다이토 히사노스케(大東久之助)의 이름에서 유래한다는 설, 일본·중국·조선의 3국 즉 대동아 공영권의 첫째라는 뜻에서 유래한다는 설 등이 연구자에 따라 다양하게 주장되고 있으며, 아이키도 각 유파에서도 여러 학설이 존재하고 있다. 이런 주장이 한국의 일부 연구에서도 다양한 분석이 나오고 있으나 사료적(史料的)인 측면에서 아이키도 연구자들의 지지를 받을 것이라고 생각하지는 않는다.

와타타니 기요시(綿谷雪) 편저 『武芸流派大事典』에 따르면 다케다 신겐(武田信玄)가(家)에는 아이키 모리노스케(相木森之助)라는 인물이 있었는데 다케다류 쥬쥬츠(武田流柔術)의 달인이었다고 한다. 다케다 가문이 몰락한 후에 이 아이키 모리노스케의 가신이었던 다이토 히사노스케(大東久之助)가 다케다류를 계승하여 「다이토류(大東流)」의 이름을 사용하였다[11]고 주장하고 있다. 또한 일부에서는 다이토류의 정식명칭은 「오시키우치(御式内: 체포술과 포박술)」이며, 쇼와(昭和) 2년(1927)에 아이키(合氣)라는 용어가 추가되었다는 주장도 있다.[3)16)]

한편 사이고파(西郷派) 다이토류의 당주(当主) 소가와 카즈오키(曾川和翁)는 그의 저서 『다이토류 아이키 니토켄(大東流合氣二刀劍)』에서 "다이토류는 수백 년에 걸쳐 만들어진 아이즈번의 오시키우치(御式内), 아이즈번교(會津藩校) 닛신칸(日新館)의 교과무술과 타이시류(太子流)의 병법(兵法)을 합쳐서 만든 무술이며, 한 사람의 천재 시라기 사부로 요시미츠에 의해 갑자기 생겨난 것이 아니다. 아이즈번의 가신들이 중심되어 편찬한 것이며, 이후 바쿠후(幕府) 말기의 공무합체(公武合体) 정책에 따라 바쿠후 및 황족 일가의 경호무술로서 편찬한 것이다"[3)]라고 주장하고 있다. 그러나 와타타니와 소가와의 주장을 뒷받침하는 전서(傳書)와 기록은 발견되지 않고 있다.

소가와는 구체적인 전서와 기록이 남아 있지 않는 이유에 대해서는 신토(神道)·밀교(密教)와 같이 비법을 문외불출(門外不出)하였기 때문이라고 주장하고, 시라기 사부로 요시미츠가 다이토노 야가타(大東の館)에 살았기 때문에 다이토류라고 하였다는 설은 다케다 소가쿠를 시조(始祖)로 삼기 위해 만들어낸 다이토류 측의 억측에 불과하다며 다이토류 측의 기원설을 부정하고 있다.[3)] 이처럼 사이고 다노모가 다케다 소가쿠에게 다이토류 아이키쥬쥬츠를 전수하였다고 전해지지만 애석하게도 아이즈번에는 다케다 소가쿠 이전의 기록이 없고 그 내용과 실태를 알고 있는 사람도 없다.

이런 일각에서 주장하는 내용을 근거로 추론해 본다면, 다이토류 아이키쥬쥬츠는 메이지 9년(1876) 정부가 문명개화(文明開化)의 기치를 내걸고 오래된 전통적인 사무라이들의 진검승부(眞劍勝負)의 사고방식이나 인습을 배척하고 그들의 상징인 검(劍)의 착용을 폐지하는 하이토레이(廢刀令, 太政官布告令)를 공포하자 무사의 표징이라는 그 존재의의를 잃은 검(劍)의 고수였던 다케다 소가쿠가 가문(家門)의 비전(秘傳)무술인 다이토류 쥬쥬츠를 세상에 전파하였다는 것이 사실로서 일본 무도사(武道史)에 정착되었으며, 다케다 소가쿠가 다이토류 아이키쥬쥬츠의 실질적인 창시자라고 할 수 있다.[18)]

사이고 다노모에게 비법을 전수받은 다케다 소가쿠는 다이토류의 이름으로 무사수행(武士修行, 武者修行)을 시작한다. 메이지 43년(1910)에 다케다 소가쿠는 수제자(高弟) 아키다현(秋田縣) 경찰부장 다카라베 사네히데(財部實秀)의 요청으로 새로운 부임지(赴任地) 홋카이도의 아바시리(網走)에 함께 동행(同行)하여[16)] 경찰서에서 다이토류를 지도하였으며, 전국의 경찰서를 순회하면서 다이토류를 가르친다. 이 순회를 계기로 다이토류는 전국에 널리 알려지게 되었으며, 다케다 소가쿠는 무술가로서 유명해진 것이다.

4. 다이토류 아이키쥬쥬츠(大東流 合氣柔術)에서 아이키(合氣)의 의미

다이토류에 아이키(合氣·Ai-ki)라는 용어를 유파의 이름에 수용한 것은 다케다 소가쿠의 독창적인 아이디어에서 형성되었다고 볼 수 있다. 아이키(合氣)의 의미를 알기 위해서는 먼저 아이키(合氣) 용법의 원점에서 찾아야 한다.

요시마루 케이세츠(吉丸慶雪)는 그의 저서 『合氣道の科學』에서 다케다 소가쿠 이전의 문헌에 나타나는 아이키(合氣)의 용법을 다음과 같이 소개한다.

- 다카노 사사부로(高野佐三郞) 저 『일본검도교범(日本劍道敎範)』

"아이키(合氣)를 버리는 것(쌍방의 공격의 기운이 동시에 발하여 승패가 나지 않을 때 지금까지의 기회를 잡는 법과 전법을 바꾸어 공격하는 것), 적이 강하게 오면 부드럽게 대응하고, 부드럽게 나오면 강하게 대응한다. 중단 자세로 나오면 하단 자세로 주먹 밑에서부터 공격하고, 하단자세로 나오면 중단자세로 위에서부터 칼을 내리친다는 식으로 아이키(合氣)를 풀고 싸우는 것이 가장 중요하다."[12]

- 『텐진신요류덴쇼(天神眞楊流傳書)』

"물 위에 뜬 표주박을 손끝으로 누르면 표주박은 가라앉지 않고 뒤집혀 손끝에서 떨어지지 않고 착 감긴다. 이 상태를 아이키(相氣)라고 한다."[12]

- 다츠카와 문고(立川文庫) 『미야모토 무사시(宮本武藏)』 1911년 발행

"… 정당한 화살이라면 수천 발을 쏘아대도 놓칠 내가 아니다. 비겁하게도 아이키(合氣)의 법을 갖고 그의 자유를 억압한 뒤, 화살을 쏜다면 죽은 자를 쏘는 것과 같다 … 이 아이키(合氣)의 법은 멀리 맞히기 아이키쥬츠(合氣術)이라고도 한다."[12]

다이토류 아이키쥬쥬츠 측의 다케다 소가쿠 연보(年譜)에 따르면 고토칸(講道館)에서 유도를 배운 해군대장 다케시타 이사무(竹下勇)는 우에시바 모리헤이와의 만남이 계기가 되어 다이토류에 심취하게 된다. 그리고 쇼와 4년(1929)에 『武田惣角武勇伝』을 발표하였다고 기록하고 있다.

또한 쇼와(昭和) 5년(1930) 당시 다케다 소가쿠의 다이토류를 직접 체험한 아사히신문사(朝日新聞社) 오사카 요이치(尾坂与市) 기자의 기록도 있다.[16] 그리고 기자와 다케다 소가쿠의 흥미로운 인터뷰 및 취재(取材)에 대한 에피소드(episode·일화)가 있다.

쇼와(昭和) 4년(1929) 어느 무도(武道) 잡지에서 "이가 빠져 없고 귀도 잘 들리지 않는 왜소한 노인(70세)이 검도·유도·가라테도(空手道)의 현역 유단자들을 마치 손바닥

안의 유리구슬을 다루듯이 한다"는 '다케시타 이사무'의 기사를 읽은 아사히신문사 기자는 그 진의를 추적한다. 다음 해인 1930년 7월 29일에 기자는 홋카이도에서 순회강습 중인 다케다 소가쿠와 만난다. 기자는 도장에 들어서자마자 자신의 눈을 의심한다. 왜소한 노인이 차례대로 덤벼드는 젊고 건장한 제자들을 가볍게 넘어뜨리고 있었다. 이어 대여섯 명이 한꺼번에 덤벼드는 데도 그 결과는 마찬가지였다.

유도에도 일가견이 있는 오사카 요이치 기자는 진짜인지 아닌지를 시험해보고 싶어 대련을 신청한다. 그러나 노인으로 생각한 다케다 소가쿠의 몸을 전혀 붙잡지 못하고 쉽게 패하고 만다. 그런 다음에 다케다 소가쿠는 40㎝정도의 고시가타나(腰刀·허리에 차는 작은 도검)의 시범을 보인다. 한 손으로 고시가타나(腰刀)를 휘두르는 데도 엄청난 소리가 나 상당히 위력적이었다.

이것은 팔의 힘만으로는 불가능한 기(氣)의 위세여서 제자들도 다케다 소가쿠가 사용하는 기(氣), 그리고 호흡법을 잘 알지 못하는 것 같았다. 이것을 자신의 눈으로 확인한 오사카 요이치 기자는 그 해 8월 17일자 신문 기사에 "다이토류는 현 세기 최고의 호신술이다"라고 격찬하였다.

다케다 소가쿠가 언제 아이키(合氣) 용어를 다이토류에 붙였는지는 분명하지 않다. 다이토류 측은 아이키(合氣)에 대해 시조(始祖)「시라기 사부로 요시미츠」가 자연의 이기(理氣)와 인간의 기(氣)가 서로 합쳐졌을 때, 병법(兵法)의 심오한 경지에 이른다는 것을 깨닫고 그것에 아이키(合氣)라는 이름을 붙였다고 한다. 이것에 대해서도 문헌이 발견되지 않아 분명하지 않다.

일본검도 용어에도 아이키(合氣)라는 용어가 있다. 자신이 공격하면 상대도 공격하고, 자신이 물러서면 상대도 물러나는 즉 공격과 방어의 의도가 합치하는 것을 아이키(合氣)라고 한다. 그러나 다이토류 측이 말하는 아이키(合氣)와 검도 측의 아이키(合氣)와는 서로 다른 점이 있다.

아이키(合氣)에 대해서 다케다 소가쿠의 수제자(高弟) 사가와 유키요시(佐川幸義·1902~1998)는 다음과 같이 설명한다.

"아이키(合氣)란 상대의 힘을 합리적인 인체 구조로 상대의 의(意)와 기(氣)를 무력화시키고 자신의 힘을 자유자재로 발휘하는 것이다. … (중략) … 기(氣)나 최면술을 사용하는 것이 아니라 매우 간단한 역학을 이용한다. 자신의 손과 발, 몸이 상대에 닿았을 때 내부 근육의 작용으로 상대의 힘을 순간적으로 빼는 것으로 … (중략)… 아이키(合氣)란 상대의 힘을 빼고 저항을 무효화시키는 기술이다. 아이키(合氣)의 호흡이란 스스로 깨닫는 것이어서 말로는 전수할 수 없다. … (중략) … 아이키(合氣)는 기본적으로 양 손을 활용하기 위해 단련하지만 심오한 경지에 이르면 전신이 아이키(合氣)의 자체가 되고, 몸 전체의 움직임이 아이키(合氣)의 던지기 자세가 된다."[16]

또한 다케다 소가쿠의 아들 다케다 토키무네(武田時宗·1916~1993)는 아이키(合氣)를 "밀 때 당기고, 당길 때 미는 것이다. 느림과 빠름, 상대의 기(氣)와 자신의 움직임이 조화하는 마음이다"[16]라고 말하고, 반면 그 반대인 기합에 대해서는 "아이키(合氣)가 결코 저항하지 않는 것에 비해 극한까지 밀어 붙이는 것, 또는 상대가 선공(先攻)해 올 때의 호신술이다. 이것을 대중에게 언급할 때는 아이키(合氣)의 용어를 사용한다"[16]고 언급하였다.

다케다 소가쿠는 아이키(合氣)의 의미에 대해 아사히신문(朝日新聞) 기자(오사카 요이치)의 질문에 다음과 같이 답한다.

"다이토류의 위력은 한마디로 말하면 아이키쥬츠(合氣術)이다. 이 아이키쥬츠의 기초는 검으로 수련해야 한다. 그 이유는 검이 무술 중에서 가장 빠르기 때문이다. 검을 자유롭게 다룰 수 있다면 창과 언월도·봉 등도 자유자재로 사용할 수 있다. 이러한 무기로 노력한다면 궁극에는 맨 손으로 무기를 가진 상대를 제압할 수 있다. 이것이야말로 아이키쥬츠(合氣術)이다."

다케다 소가쿠는 비교적 늦은 나이인 38세 때 다이토류에 입문하였다. 다이토류의 관절기법은 대부분 손목의 힘에 좌우된다는 것을 알고 검(劍)을 통해 단련된 자신의 손목의 근력이 다이토류의 기술을 습득하는 데 가장 효율적이라는 것을 자각했다고 볼 수 있다. 그리고 검(劍)을 통해 얻은 실전(實戰)적인 많은 경험에서 체득한 상대와의 거리 감각과 공격 타이밍, 즉 인간의 호흡력(力)이 발하는 기(氣)가 쥬쥬츠(柔術)에 필요하다는 것을 깨달은 소가쿠는 다이토류가 자신의 검술과 쥬쥬츠가 합쳐져 완성된 기술의 궁극, 즉 기(氣)의 의미로 아이키(合氣)라고 명명하였다고 추론할 수 있다.

다케다 소가쿠는 다이토류(大東流) = 쥬쥬츠(柔術) 즉 맨손 무예라는 고정관념을 버리고, 그 수련과정에 각종 무기의 기술을 수용함으로써 강력한 손목의 힘과 무기를 가진 상대에게는 주눅들지 않는 실전(實戰)적인 감각의 중요성을 강조하기 위해 아이키(合氣)를 적용하였다고 볼 수 있다. 이러한 이유로 지금도 다이토류에서는 검술을 주요 수련과정에 포함하고 있는 것이 그 증거라고 할 수 있다.

이런 맥락을 감안 할 때 쇼와(昭和) 7년(1932)에 우에시바 모리헤이가 유신칸(有信館)의 젊은 검사 나카쿠라 키요시(中倉 淸)를 양자로 입양한 것도 검술의 중요성을 알았기 때문이라고 볼 수 있다.

이처럼 다이토류 아이키쥬쥬츠는 일본의 쥬쥬츠(柔術) 유파 176곳 중에서도 관절기술과 던지기 기술 및 급소지르기 기술(当身技)이 매우 체계적으로 발달한 유파다.

특히 중국무술(內家拳: 太極拳・形意拳 등)의 특징인 기(氣)의 운용과 호흡 양성법과 같은 내공(內攻) 수련이 취약한 일본 무도에 아이키(合氣)라는 독특한 수련방법을 체계화하고 기술화하여 내공수련에 채택한 것은 다이토류 아이키쥬쥬츠 및 아이키도의 큰 특징이다.

우에시바 모리헤이(植芝盛平)의 자립과 아이키도의 성립(成立) 과정 : 현대 무도로의 발전경로

우에시바 모리헤이(植芝盛平)가 아이키도(合氣道)를 창립하게 된 직접적인 계기는 다이쇼(大正) 4년(1915) 32세 때 아이즈번(會津藩)의 전래 무술인「다이토류 아이키쥬쥬츠」를 중흥시킨 시조(始祖) 다케다 소가쿠와(武田惣角)의 만남이다.

1. 우에시바의 족적(足跡)과 아이키도(合氣道) 형성의 발전경로[9)10)]

아이키도의 창시자 우에시바 모리헤이는 메이지(明治) 16년(1883) 12월 14일 와카야마현 타나베시의 한 평범한 농가의 장남으로 태어났다. 모리헤이는 어릴 때부터 몸이 허약해 병치레가 잦았으나, 뛰어난 기억력에 예민한 감성의 소유자였다.

메이지 28년(1895) 13세 때 현립 중학교에 입학하지만 중퇴한 후 주판을 배운 후 잠시 세무서에 근무하였으나 정부의 어업법 개정에 반발하여 세무서를 그만두고 메이지 34년(1901) 19세 때 단신 상경(上京)한다. 다음 해에 문방구점 우에시바 상회(商會)를 창업하여 운영하면서 근처 도장에서 쥬쥬츠와 검술 등을 두 달 정도 배운다. 하지만 건강이 나빠져 문방구점을 정리하고 귀향한다.

건강을 회복한 후, 메이지 36년(1903) 모리헤이는 군입대를 지원하지만 키가 기준에 미달되어 탈락한다. 그럼에도 불구하고 신검을 다시 받고 입대한다. 모리헤이는 자발적으로 지원해 러일전쟁에 참가하는 등 적극적인 군대 경력이 화제가 되었다.

제대할 무렵에는 육군예비학교에 입학할 수 있었다. 휴일이면 유명한 무술가의 도장과 신사를 방문하여 검·봉·창 등과 갑옷을 입고 행하는 격투기(갓츄쿠미우치쥬츠, 甲冑組打ち術)에 이르는 다양한 무예의 비법(秘法)을 추구하였다. 이 무렵 나카이 마사카츠(中井正勝)에게 야규류(柳生流) 쥬쥬츠(柔術)을 배우고 사범자격을 취득한다. 그리고 4년 후 모리헤이는 제대해 본가로 돌아간다. 그러나 정부가 추진하는「신사합사(神社合祀)」에 반대하여 박물학자((博物學者, 식물과 동물의 과학적 연구자) 미나가타 쿠마구스(南方熊楠)와 반대운동을 전개한다. 이와 같이 타오르는 열정을 발산하지 못하는 모리헤이를 안쓰러워한 부친 우에시바 요로쿠(植芝与六)는 자택에 무술도장을 만들고, 당시 순회 중인 고토칸(講道館)의 유도 명인 다카기 키요이치(高木喜代市)를 집으로 초빙하여 모리헤이와 함께 지역 청년들에게 유도(柔道)를 가르치도록 하였다.

그후 메이지 45년인 1912년「홋카이도 개척 이주민단체 결성계획」이 공포된다. 모리헤이는 개척단장으로 마을사람 80명을 데리고 홋카이도 시라타키 겐야(北海道白瀧原野) 황무지 개척지역으로 이주하여 개척(개간)에 여념이 없던 모리헤이는 다이쇼(大正) 2년 (1915) 출장을 간 홋카이도 엔가루쵸(遠輕町)의 시골 여관 히사다(久田)에서 「요시다 고타로(吉田幸太郞・1886~1964)」의 소개로 우연히 다케다 소가쿠를 만나 한 달 동안 소가쿠에게 다이토류 아이키쥬쥬츠를 배운다. 변화무쌍(變化無雙)한 다이토류의 기법에 감복(感服)한 모리헤이는 이후에도 소가쿠를 마을에 초빙하여 마을 청년들과 함께 가르침을 받고, 다이쇼(大正) 3년(1916)에는 비전목록을 전수받는다.[4]

그후 다이쇼(大正) 8년인 1919년 11월 부친이 위독하자 시라타키(白瀧)를 뒤로 하고 귀향하던 중에 열차 안에서 많은 환자를 기도로 치료한 기적을 일으킨 사람(데구치 오니사부로・出口王仁三郞)에 대한 이야기를 듣게 된다. 모리헤이는 교토부(京都府) 아야베(綾部)에 있는 오모토교(大本敎, 神道系) 본부에서 데구치 오니사부로(出口王仁三郞, 1871~1948)를 만나고 그 다음 해에 주위의 반대에도 불구하고 오니사부로가 있는 아야베로 이주한다.

데구치 오니사부로와의 만남은 이후 모리헤이의 종교관을 비롯해 철학, 사상, 아이키도 성립(成立)에 이르기까지 모리헤이의 삶(인생)에 전기(轉機)가 되는 큰 영향을 끼친 것은 명백한 사실이다.

데구치 오니사부로는 모리헤이에게 "당신은 마음이 내키는 대로 쥬쥬츠이든지 검술이든지 단련한다면 최고의 무장 유사이(幽齋, 센고쿠시대와 에도시대에 활동한 호소가와 후지타카)가 될 것이다"라며 다이토류를 사람들에게 가르치도록 권장한다. 이 일이 계기가 되어 최초의 아이키도 도장 우에시바 쥬쿠(植芝塾) 도장이 탄생한다.[4]

또한 모리헤이는 오니사부로에게 배운 오모토교(大本敎・神道系)의 교리에서 힌트를 얻어 새로운 무도이념과 기법을 창시하고 아이키도에 수용하였다고 볼 수 있다. 그러나 다이쇼(大正) 10년(1921) 2월 오모토교(大本敎)는 천황에 대한 불경죄로 정부로부터 탄압(제1차 大本敎 사건)을 받고, 오니사부로를 비롯해 많은 오모토교 관계자가 투옥된다. 다행스럽게도 우에시바 쥬쿠 도장은 박해를 피한다.

같은 해 6월 27일에는 훗날 2대 도주에 취임하는 3남(三男) 우에시바 킷쇼마루(植芝

吉祥丸・1921~1999)가 태어났으며, 그 다음 해 보석으로 풀려난 오니사부로는 대대적으로 조직을 정비하고, 모리헤이를 중역에 임명한다. 그리고 오모토교의 간부가 된 모리헤이는 오모토교의 이미지 구축에 노력하는 동시에 오모토교를 중심으로 하여 아이키도를 확대 보급한다. 이 시기부터 모리헤이는 「아이키 부쥬츠(合氣武術)」라는 명칭을 사용한다.

다이쇼(大正) 13년(1924) 2월 오니사부로는 세계 통일종교 국가를 건립, 실현(實現)한다는 웅대한 계획을 세우고, 모리헤이를 비롯해 제자들을 만주와 내몽고 지역으로 데리고 간다. 「내외몽골독립군(內外蒙古獨立軍)」을 결성하지만 동년 6월에 만주군벌 실력자(實力者) 장쭤린(張作霖)의 분노를 사게 되고, 오히려 공격을 받게 된다. 그때 일본영사관의 도움을 받아 모리헤이는 귀국한다.[8] 모리헤이는 짧은 기간이었으나 중국에 있을 때는 오슈코(王守高, 왕소우가오)라는 중국 이름을 사용하였다. 귀국 후에도 얼마 동안 오슈코라는 이름을 사용하였다는 기록이 남아있다.

귀국한 후 다시 아야베(오모토교 본부)로 간 모리헤이는 도장을 재정비하고 운동을 다시 시작한다. 이 시기부터 오모토교의 관계자뿐만 아니라 해군관계자, 지역 주민 등 많은 사람들이 도장을 방문하게 되었다. 특히 해군대장 다케시타 이사무와의 만남은 아이키도가 도약할 수 있는 발판의 토대가 되었다.

쇼와(昭和) 2년(1927) 2월 다케시타 이사무의 초빙으로 전 가족이 상경하게 된다. 이것이 계기가 되어 아이키도의 활동 거점이 도쿄(東京)로 옮겨진다. 시작은 시바시로가네(芝白金)의 시마즈(島津)공작의 별장 일부 건물을 빌려 도장으로 개조하고, 소개받은 군인 간부, 가조쿠(華族, 귀족계급), 실업가 등에게 아이키도를 가르쳤다.[8] 그 후 우츠미 카츠지(內海勝二) 남작이 제공한 시바미타(芝三田) 도장, 다케시타 이사무가 소개한 시바구루마쵸(芝車町) 도장을 열고 도쿄로 이주했다.[8] 이때부터 모리헤이는 아이키도가 악용될 것을 우려해 도장에의 입문은 신용이 있는 사람의 소개 및 보증인 두 명을 세우는 조건을 추가하는 등 기존의 유도, 검도 도장과는 다른 고급화 전략을 세웠다.

그리고 쇼와(昭和) 6년(1931) 4월 신쥬쿠 와카마츠쵸(新宿若松町)에 코부칸(皇武館) 도장을 건립하고 「아이키부도(合氣武道)」라고 명명하였다.

다음 해에는 오사카(大阪)에도 지부가 생긴다. 도쿄(東京)와 오사카를 왕래하면서 아이키도를 지도하였으며, 오사카에서는 오사카 경찰본부장 도미타 켄지(富田健治), 경찰서장 모리다 요시카즈(森田儀一), 아사히신문사(朝日新聞社) 히사 타쿠마(久琢磨) 등 상류층 사람들을 지도하여 한층 더 발전의 토대를 만들었다.

같은 해 8월에는 오모토교의 요청으로 「다이니혼부도 센요카이(大日本武道宣揚會)」를 조직하고 회장에 취임하는 동시에 「부도(武道)」라는 기관지를 간행한다. 그러나 쇼와(昭和) 10년(1935) 12월에 제2차 오모토교 사건이 발생하여 오모토교는 괴멸(壞滅)적인 타격을 입는다. 이 때 모리헤이는 아이키도를 배운 경찰관계자의 도움으로 무죄 방면된다. 이 사건 이후로 주위의 권유에 따라 오모토교와는 거리를 둔다.

이런 부정적인 분위기에도 도장이 해가 갈수록 늘어나자 모리헤이는 다케다 소가쿠의 다이토류 아이키쥬쥬츠의 그늘에서 벗어날 필요성을 느끼게 되고 모리헤이는 쇼와(昭和) 14년(1939)에 군·관·정·재계의 상층부 제자들의 도움을 받아 아이키도를 법인화하였으며, 또한 유신칸(有信館) 출신의 양자(養子) 나카쿠라 키요시(中倉 淸)를 각종 검도대회에 코부카이(皇武會)의 이름으로 참가하게 한다.

그리고 코부카이(皇武會)를 홍보하는 동시에 다이토류 아이키쥬쥬츠와 검도를 참고해 아이키도의 독창성을 추구해간다. 또한 셋째 아들(三男) 킷쇼마루에게도 카고시마신당류(鹿島新當流·劍術)를 배우게 하였다.

그후 쇼와(昭和) 15년(1940) 4월 코부카이가 당시의 후생성으로부터 재단법인 설립 허가를 받으면서 기부금을 받을 수 있게 되었다. 그리고 해군 대장 다케시타 이사무가 초대회장에, 육군 중장 하야시 케이(林桂)가 부회장에 임명되었다.

임원은 코노에 후미마루(近衛文麿) 공작, 마에다 토시나리(前田利爲) 후작, 도미타 켄지(富田健治), 후지다 킨야(藤田欽哉), 오카다 코사부로(岡田幸三郎) 등 다수의 저명인이 맡았으며 재단설립 자본금은 도미타 켄지와 오카다 코사부로의 협력을 얻어 미츠이(三井)·미츠비시(三菱)·스미토모(住友) 등 당시의 재벌(財閥)로부터 정기적으로 후원금을 받았고, 실업가 미야사카 테루조우(宮坂照藏)로부터도 기부금을 받아 마련하였다.

그리고 쇼와(昭和) 16년(1941)에 태평양 전쟁이 발발하자 무도 통합의 기운이 고양되고, 그 다음해 모든 대표적인 무도가 '다이니혼 부토쿠카이(大日本武德會)'에 통합된다. 이때 그동안 '植芝合氣', '植芝流武術', '皇武合氣', '合氣柔術', '合氣武道' 등으로 사용해온 명칭을 모리헤이는 「合氣道」라는 이름으로 통일하여 오늘에 이르고 있다.[8] 일시적이었지만 '다이니혼 부토쿠카이'의 칭호 심사규정에 따라 연사(鍊士)·교사(敎士)·범사(範士)의 칭호를 사용한 시기도 있었다. 이 시기부터 재단법인 코부카이 본부 도장은 당시 와세다(早稻田)대학 예과(학원)에 다니던 셋째 아들(三男) 킷쇼마루에게 맡기고, 모리헤이는 이바라키현(茨城縣)에 구입해 둔 「이와노 사토(岩の里)」에서 논밭을 경작하며 무도 연마에 힘쓴다.[8] 이때부터 아이키도는 다이토류 아이키쥬쥬츠의 그늘에서 벗어나 창조적인 신(新)무도로서 탄생하였다고 할 수 있다. 이후 아이키도는 킷쇼마루에 의해 현대화된 대규모 조직으로 발전하는 동시에 이론 및 철학을 체계화하였다.

이처럼 아이키도가 현대 무도로의 발전경로 측면에서 볼 때, 가노 지고로(嘉納治五郎)가 전통 쥬쥬츠(柔術)를 기반으로 현대 체육의 입장에서 유도를 스포츠화 하는데 공헌하였다면, 다케다 소가쿠는 헤이안시대(平安時代) 후기부터 전승된 전래 무술 다이토류(大東流)를 계승하였으며, 우에시바 모리헤이는 다케다 소가쿠로부터 다이토류 아이키쥬쥬츠를 계승하여 고류(古流) 쥬쥬츠(柔術)의 살인적(殺人的) 기법을 활인적(活人的) 무도로 새롭게 자기화하고 일본 무도의 독자성을 제시하였다고 말할 수 있다.

그러나 다케다 소가쿠의 다이토류 아이키 쥬쥬츠는 유도와 아이키도에 비해 크게 조직화되지 못했지만, 다케다 소가쿠 직계의 다이토류(大東流) 계보(系譜)는 고무도(古武道) 전통 전래 무술로서 다른 유파들과 함께 발전하였다.

<대표적인 아이키도(合氣道) 유파와 유조명(流祖名)>[4]

유파 이름	유조(流祖)	수련법
合氣會	植芝吉祥丸	가타(形) 수련중심
心身統一合氣道	藤平公一	가타(形) 수련중심
養神館合氣道	鹽田剛三	가타(形) 수련중심
合氣道協會	富木謙治	가타(形)+자유연습

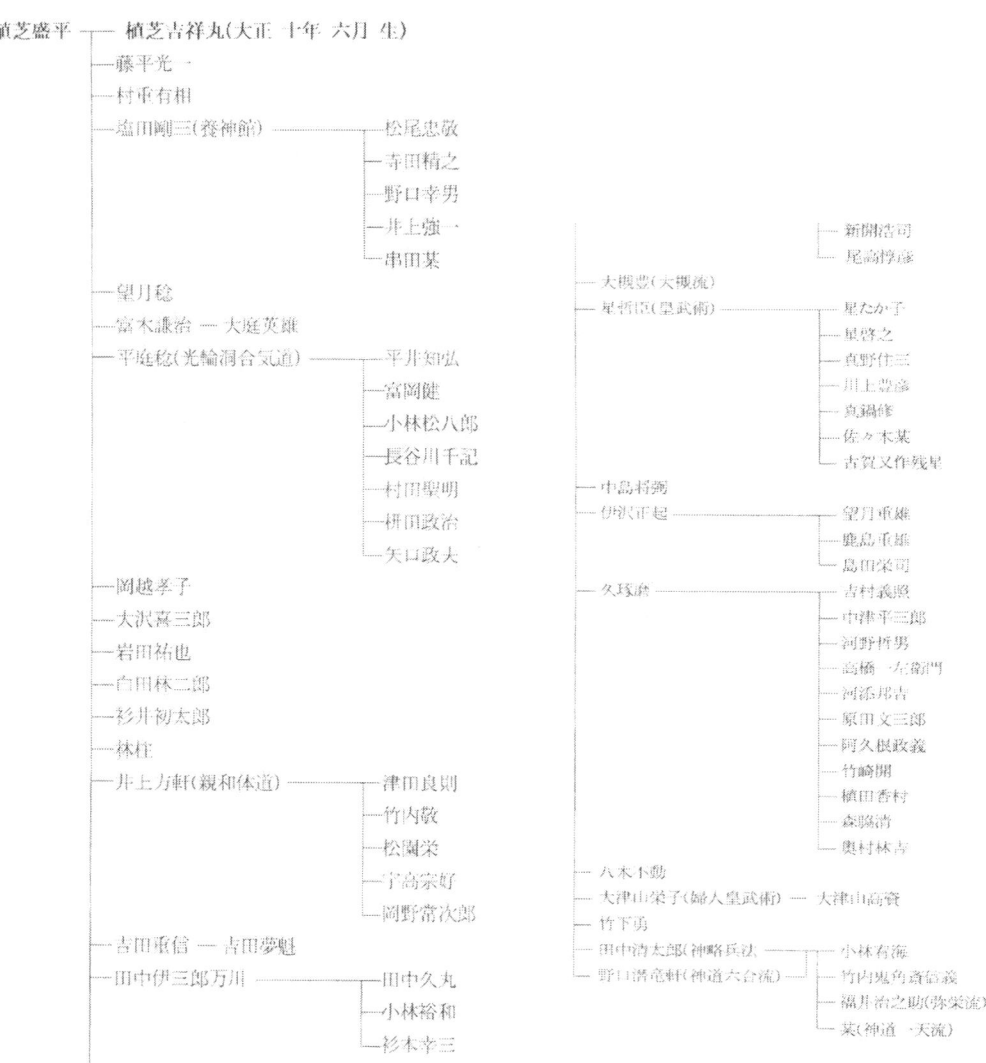

※ 武藝流派大事典, 綿谷 雪・山田忠志 編, 新人物往來社, 1969. pp. 80~81 재인용 편집

<植芝流「合氣道」系譜圖>[11]

2. 아이키도(合氣道)가 주장하는 아이키(合氣)의 의미[9][10]

다이쇼(大正) 3년(1916) 다케다 소가쿠에게서 다이토류 아이키쥬쥬츠의 비전 목록(卷物·두루마리)을 받은 모리헤이는 앞에서 설명한 바와 같이 얼마 동안은「合氣柔術(1920)」이라는 용어를 사용하였으나, 쇼와기(昭和期·1926년)에 들어서서는「아이키부도(合氣武道)」라는 명칭을 사용하였다. 그러나 1942년 무도가 '다이니혼 부토쿠카이'에 통합될 때 유도(柔道·일본어: Judo), 검도(劍道·일본어: Kendo), 공수도(空手道·일본어: Karatedo) 등과 같은 이름으로 통일하려고「合氣武道」에서「아이키도(合氣道)」로 명칭을 바꾸었다. 이와 같은 명칭 변천과 현대 무도로의 내부 발전경로를 거쳐 오면서 아이키도(合氣道)의 독자적(獨自的) 이념을 형성하였다고 볼 수 있다.

모리헤이는 아이키(合氣)의 의미를 "천지의 기운을 합한 도(道)"라고 하였으며, "5·5의 10, 2·8의 10 즉 상대가 5, 2의 힘으로 다가 오면 이쪽은 5의 힘, 8의 힘을 더하여 10으로 상대하는데 이것이 화합의 도이다"라고 하였다.[4] 그러나 모리헤이는 수련을 할 때 일부러 상대의 기(氣)에 맞추려 한다면 실전(實戰) 때는 대응할 수 없다고 훈계하였다.

현재 일본 아이키회(合氣會)에서 말하는 아이키도의 이념은 "천지의 법칙(氣)을 명확히 하고 일거수일투족(섬세한 하나의 동작과 행동)도 천지의 법칙에 걸맞도록 단련하여 상대에게 이기는 것이 아니라 자기를 완성하는 도(道)이다"[4]라고 하였다.

3. 전후(戰後)의 아이키도(合氣道) 발전 과정[9][10]

아이키도는 다른 무도와 마찬가지로 전쟁이 끝난 후 여러 해 동안 고난의 시기를 겪었다. 연합국 군최고사령관 총사령부(聯合國軍最高司令官總司令部, GHQ)의 정책에 따라 무도는 군국주의의 산물로 간주되어 학교수업에서 어쩔 수 없이 배제된다. 또 방과 후의 학습과 도장의 수련도 제한 또는 금지되었다.

그리고 쇼와(昭和) 26년(1951) 9월 8일 샌프란시스코 강화조약(연합국과 일본이 체결한 평화 조약)을 계기로 유도·검도를 비롯해 일본을 대표하는 무도단체가 스포츠로서 재출발하는 가운데 아이키도 2대 도주 킷쇼마루는 경기화와 스포츠화에 반대하였다. 오히려 아이키도가 가진 인류애적인 정신을 강조하고 연합국 군최고사령관 총사령부

(GHQ)를 설득하려고 노력하였다.

쇼와(昭和) 23년(1948) 2월 9日 아이키도는 유도보다 일찍 재단법인으로 문부성의 허가를 받았다.[8] 다른 무도에 비해 재단법인으로서 일찍 허가를 받을 수 있었던 배경에는 도미타 켄지, 후지다 킨야, 니시카 츠조(西勝造) 등 상층부 인맥의 로비와 문부성의 나카야마 코시(中山甲子) 사무관의 배려 등이 있었으며, 가장 큰 원동력은 2대 도주 킷쇼마루의 치밀한 계획과 추진력이었다고 생각할 수 있다.

이처럼 아이키회(合氣會)가 발족한 후 킷쇼마루는 새로운 인재를 등용하고 각종 기획과 개혁을 추진하였다. 그 일환으로 월간「아이키회보(合氣會報)」를 창간하여 서서히 아이키도가 가진 독자성을 홍보하고 보급에 박차를 가하는 한편 모리헤이가 쇼와(昭和) 30년(1954)까지 거주하던「이와마(岩間)」를 아이키도 본부로 정하고, 현실적인 영향력을 유지하기 위해 든든한 보호막이 될 수 있는 도미타 켄지를 초대회장으로 선출하였는데 이는 문부성의 권고도 있었다고 추론해 볼 수 있다.

이러한 노력의 결과로 쇼와(昭和) 30년(1954)부터 본부 도장에서 수련한 수련경험자들이 농촌과 근무지 등에서 도장을 열면서 지부가 결성하게 되었다. 본부 도장에서는 각 대학에 아이키도 클럽의 결성을 지원하고, 지도자를 파견하기 시작한다.

대학과 클럽 등에서 아이키도를 배운 사람들이 사회인이 되어 실업단 아이키도 클럽을 결성하는 등 현대 무도로 저변확대의 기반이 마련되었다고 할 수 있다.

이때부터 아이키도를 소개하는 설명회와 연무대회(演武大會)가 자주 개최되었으며, 일반인에게도 널리 알려지면서 지명도도 높아졌다. 특히 쇼와(昭和) 31년(1955) 9월에는 일반인에게 가르치는 것을 반대하던 모리헤이를 설득하여 73세 고령의 모리헤이 신기(神技)가 공개되었으며, 일반인을 대상으로 한 대규모 공개 연무대회를 5일 동안 니혼바시(日本橋)에서 개최하였으며,[8] 이 시점이 아이키도 기초 확립의 시기로 향후 아이키도의 해외보급을 염두에 두고 각국의 대사와 공사를 초대하였다.

쇼와(昭和) 35년(1959) 4월에는『아이키도신문(合氣道新聞)』을 창간하고 모리헤이의 도화(道話·사람이 걸어가야 할 길), 도문(道文·우주의 법칙), 도가(道歌·도덕적인 가르침을 알기 쉽게 넣어서 지은 노래) 등을 게재(揭載)하여 아이키도의 철학과 정신을 널리 알리는 동시에 모리헤이의 행적을 신성화하였으며, 다음 해 1960년에는 재단법인 아이키회(合氣會)가 주최한 제1회 아이키도 연무대회가 개최되면서「신비의 무술」로 특별한 사람들에게만 소개되었던 아이키도가 일반인에게 널리 알려지게 된다.

이 연무대회는 매년 개최되었고, 1977년부터는 참가자가 늘어나서「니혼부도칸(日本武道館)」에서 개최하고 있다.

또한 쇼와(昭和) 37년(1961) 6월에는 아이키도의 외곽 단체로서 관동(關東)학생 아이키도 연맹이 결성되었으며, 그 후 각 지역에서 학생 아이키도 연맹이 연이어 발족한다. 같은 해 12월에는 방위청 아이키도 연합회가 발족되었고, 전국의 자위대에도 아이키도가 보급되었다.

이와 같은 노력의 결과로 쇼와(昭和) 43년(1968)에는 철근 콘크리트 건물인 아이키도 본부도장을 신축하고 아이키도 학교도 병설하였다. 이 학교는 도쿄도(東京都)로부터 각종 학교로 인가를 받았으며, 지금도 운영되고 있는데 매년 전기(4월)와 후기(10월)에 두 번 개강한다.

아이키도 학교에는 세 개의 과정이 설치되어 있으며 초급·중급·상급과정으로 운영되고 있다. 이로써 공적으로도 아이키도의 교육적 가치가 인정을 받게 되었다고 볼 수 있다.

이처럼 킷쇼마루가 아이키도를 착실히 조직화해 가는 가운데, 쇼와(昭和) 44년(1969) 4월 26일 아이키도 개조(開祖) 모리헤이가 86세의 나이로 영면(永眠)한다. 같은 해 6월 킷쇼마루가 아이키도 2대 도주가 된다.

2대 도주가 된 킷쇼마루는 아이키도의 국제화를 적극적으로 추진하고, 그 일환으로 쇼와(昭和) 50년(1975) 11월 스페인 마드리드에서 국제 아이키도연맹 준비위원회가 발족되었으며, 이 준비 위원회에서는 우에시바 모리헤이의 구도(求道)를 첫째 의(義)로 하는 일본적 철학상 이치(哲理)의 특수성이야말로 아이키도의 본질이며, 아이키도의 도통(道統)은 우에시바 모리헤이라는 것을 재차 확인하였으며, 또한 도주(道主)를 영구 회장으로 정하고, 우에시바 가문을 절대적 권위의 종가로 규정하였다.

그리고 1976년에는 국제아이키도연맹(IAF)이 설립되었고, 도쿄에서 개최된 제1회 총회에는 미국 등 29개국 약 400명이 참가하였다.

국제연맹이 발족된 이후에는 세계 각국으로 아이키도 지도자 파견이 활성화되었고, 그 결과 쇼와(昭和) 59년(1984) 국제아이키도연맹(IAF)은 국제 경기연맹(단체) 총연합회 (GAISF · Global Association of International Sports Federations)에 정회원으로 가맹되었으며, 헤이세이(平城) 9년(1997)에는 일본 국내 아이키도 공인 지부는 700여 곳이 넘고, 회사와 관공서 등의 클럽도 400여 곳에 이른다. 또한 전국 학생 아이키도 연맹에는 114교가 가맹하였다.

4. 아이키도(合氣道)의 현재

아이키도는 2021년 기준으로 약 140여 개 국가에 조직과 단체가 있으며, 일본 전국에 약 2,400여 곳(지역)의 도장과 수련 인구는 일본 국내 약 130만명, 해외 약 200만명 이상이 수련하는 규모로[28] 성장하고 있으며, 아이키도는 명실공히 국제적인 무도단체가 되었으며 일본 국내의 지부(支部) 수의 비율과 해외 보급률도 계속 증가하는 추세에 있다.

일본에서는 어린이와 여성 수련자(입문자)가 눈에 띄게 증가하고 있는 실정이며 어린이는 훈련·예의작법·정신력 강화라는 부모의 요망이 강하게 작용하고 있으며, 여성은 전신적 아름다움·호신술이라는 목적이 많이 작용되고 있다고 볼 수 있다.

헤이세이(平城) 24년(2012) 4월부터 중학교의 무도필수화에 따라 여러 지역에서 보건체육 수업으로 아이키도가 도입되고 있는 등 무도 교육적 가치를 인정받고 있다.

이상과 같은 현대 무도로의 발전경로로 볼 때, 아이키도는 쇼와(昭和) 17년(1942) 처음 「大日本武德會 合氣道部」로 편입되면서[8] 「아이키도(合氣道)」라고 명명(命名)된 현대 무도의 하나로서 짧은 기간에 급성장하였다고 생각할 수 있으며, 그 배경에는 2대 도주(道主) 킷쇼마루의 치밀한 계획과 추진력 그리고 현실주의적인 리더십에 있었다고 추론해 볼 수 있다.

모리헤이의 3남(三男)으로 태어나 평생 가업을 위해 살아 온 킷쇼마루는 아버지 모리헤이에게 부끄럽지 않은 위업을 완수하고 헤이세이(平城) 11년(1999) 1월 4일 영면(永眠)한다.

현재 킷쇼마루의 차남 「우에시바 모리테루(植芝守央·1951~)」가 3대 도주(道主)로서 가업(家業)을 승계하여 현재 일본 아이키회(合氣會)를 총괄하고 있다.

Ⅳ. 아이키도(合氣道)의 기술 원리와 기술 체계

아이키도(合氣道)의 원류는 근세 이후의 쥬쥬츠(柔術)에 있다. 원래 쥬쥬츠(柔術)는 전장에서 상대를 살상하는데 그 목적이 있었기 때문에 던지기 기술뿐만 아니라, 주먹지르기와 발차기, 급소 지르기 기술(当身技)과 관절기술(關節技), 나아가 단도(小刀) 등 무기를 사용하는 기술도 있었다.

그러나 우에시바 모리헤이는 살상력이 강한 다이토류 쥬쥬츠(大東流柔術) 기술을 형(形)으로서 남기고, 상대와의 사이에서 순간 틈을 이용하여 몸 맞붙기의 기술로 무너뜨리고(넘어뜨리고), 상대의 손목을 잡고 던지는 등의 종합무술을 만들었다. 한편 유도에서 수행하기 어려운 몸 맞붙기와 관절기술을 아이키도(合氣道)에 수용하였다.

아이키도에서는 어떠한 상대에 대해서도 대응할 수 있도록 아이키도 독자의 움직임이 가능하도록 보통자세(自然體)에서 한쪽 발을 반보(半步) 정도 내딛는 준비자세를 취하게 된다. 왼쪽 발을 반보 정도 앞으로 내디디면 「좌측태세(左構え)」가 되고, 오른쪽 발을 반보 정도 앞으로 내디디면 「우측태세(右構え)」가 된다.

이것은 상대가 정면에서 공격해오는 다양한 종류의 공격 형태를 쉽게 피하고 전후좌우로 재빠르게 쉽게 움직일 수 있어 2차·3차의 공격에도 재빠르게 대응할 수 있는 자연체(自然體·Shizentai)이므로 아이키도의 큰 특징이라 할 수 있다.

상대가 공격해 오는 방향을 피하고 상대의 사각지대(死角地帶, Dead Zone)로 들어가 곧바로 상대를 넘어뜨리는 「입신(入り身)」과 입신에 들어선 후에 상대의 공격력과 방향성을 이용하는 「놀림새(몸놀림/体捌き)」라는 기술이 있다.

「놀림새」는 원운동으로 「손 놀림새」, 「발 놀림새」, 「몸 놀림새」 등이 있지만, "예로부터 쥬쥬츠(柔術) 수련에서는 상대방의 움직임을 관(觀)으로 보고 '관(觀)은 마음으로 듣는다'고 일컬어져 왔다. 이 마음(觀·志)은 제하단전(臍下丹田)에 있다. 단전에서 상대방의 기(氣)의 움직임을 듣는다. 즉 내부의 마음으로 상대방의 움직임을 느끼고 보는 것이 관(觀)이다.

관(觀)은 상대방의 동작을 보는 것(見)이 아니다. 상대방의 기(氣)의 움직임을 보는 것이다. 제하단전에 모인 마음(觀·志)으로 상대의 기(氣)의 움직임 전체를 본다."[26] 배꼽 아래 4~5cm지점의 단전에 기(氣)를 집중하고 '심(心)·기(氣)·체(體)'를 하나로 호흡력을 바탕으로 '경쾌하고 교묘해서 구속을 받지 않고 자연스럽게(輕妙自在)' 기술을 발휘하는 것이 중요하다.

즉, "상대와의 공격과 방어 사이에서 관(觀)의 눈과 견(見)의 눈을 동시에 작용시켜야 한다."[26] 결코 '물리적인 힘이나 팔 힘(腕力)'만으로 되는 것이 아니기 때문에 여성과 어린이라도 얼마든지 기술을 사용할 수 있다.

수련자는 형(形)을 수련할 때 상대의 중심을 어떠한 방향으로 무너뜨릴까와 자신은 어떻게 몸을 놀릴 것인가를 늘 생각하면서 되풀이할 필요가 있다. 그리고 자신에게 알맞은 기술을 자유자재로 다룰 수 있도록 하는 것이 수행의 목적이라고 할 수 있다.

동어반복(同語反覆)같지만 수련자는 형(形)연습에서 상대를 어느 방향으로 넘어뜨릴 것인지, 또 자신은 어떻게 몸을 이동할 것인지를 늘 생각하면서 반복해야 한다. 자신이 익힌 기술을 자유자재(自由自在)로 사용할 수 있도록 하는 것이 기술을 수행하는 목적이다.

이것은 아이키도의 주요 힘의 방향은 수평 방향이 아니라 아래에서 위 방향으로 주요 운동선(線)이 있고, 상대의 힘을 무리 없이 화합하는 기(氣)의 유도법(誘導法)에 있기 때문이다.

즉 아이키도의 기술의 근본원리는 상대와 경쟁하지 않는 것이며, 상대와 직접 부딪치지 않고 상대의 힘을 받아들이고, 그대로 유(流), 원(圓), 화(和)의 원리에 입각한 동작이다.

아이키도의 기술을 분류하면 공격(攻擊)과 방어(攻防)로 나눌 수 있다.

이를 다시 세분하면「관절기술」, 몸 맞붙기에서「급소지르기 기술(当身技)」,「무기술」로 나눌 수 있다.

"관절기술에는 「던지기(나게와자・投技)」, 「누르기(오사에와자・抑技)」, 「조르기(시메와자・絞技)」, 「꺾기(히지키와자・挫技)」 등이 있다.

몸 맞붙기에서 급소지르기 기술(当身技)은 「찌르기(突く)」, 「때리기(打つ)」, 「차기(蹴る)」 기술이 주가 된다.

무기술에는 「단도」, 「검」, 「창」, 「봉」 등이 있다. 이러한 기술은 형태적으로 보면 살상의 기술로 보이지만 수련방법을 보면 그렇지 않다.

관절기술은 그 성질에서 수련자의 관절부위에 상해를 가하는 기술로 보인다. 그러나 실제의 연습방법을 보면 상해를 가하지 않고 오히려 관절의 유연성을 발달시킨다.

관절기술을 형(形)의 대련으로 볼 때는 하나의 유희로 보일 수 있지만, 실제로는 어떤 무술보다 심각한 상해를 입힐 수 있다.

몸 맞붙기에서 급소지르기 기술(当身技)로 「때리고」, 「찌르고」, 「차는」 부위를 단련시킴으로써 아이키(合氣)적 힘의 집합(集合)과 송력(送力)의 원리를 중요시한다. 그리고 몸 맞붙기로 볼 때는 유연하게 보이고 위력이 없는 듯 보이지만 힘의 집합이 적용되기 때문에 역학적으로 보더라도 위력(威力)이 상당하다.

그리고 「때리고」, 「찌르고」, 「차는」 부위가 인체의 급소이기 때문에 혼절과 살상을 쉽게 할 수 있다. 즉 생명을 좌우하는 기술이기 때문에 졸도와 살상을 엄격히 구별하고 동시에 「때리고」, 「찌르고」, 「차는」 부위를 엄선해야 한다.

아이키도에서 관절기술(관절꺾기, 挫技)과 몸 맞붙기에서 급소지르기 기술(当身技)은 인체의 생리적 약점과 역학적 약점을 최대한 활용한 기술이라고 볼 수 있다."[22]

1. 아이키도(合氣道)의 기술 원리

아이키도 기술의 기본 원리는 「원(圓)의 원리」, 「유(流)의 원리」, 「화(和)의 원리」의 세 가지로 나눌 수 있다.

"첫째, 「원(圓)의 원리」란 상대의 힘을 바로 받지 않고, 받는 힘을 부드럽게 유도하는 것이 비법인 원리이다.

둘째, 「유(流)의 원리」는 공격하는 곳에 자신의 힘을 집중하여 힘을 보내는 것이 비법인 원리이다.

마지막으로, 「화(和)의 원리」란 상대의 심신에 맞추어 상대의 패배를 유도하고 자신을 승리하도록 이끄는 것이 비법의 원리이다."[22]

이와 같이 아이키도의 기술체계와 원리에 대해 킷쇼마루는 "아이키도는 合氣柔術(1920), 合氣武術(1922), 合氣武道(1931), 合氣道(1942)로 발전한 우에시바 모리헤이의 독창적인 무술이다"[8]고 주장하지만 다이토류 아이키쥬쥬츠 기법과 아이키도 기법을 기술적 기준(基準)에서 비교할 때 받아들이기 어렵다.

다케다 소가쿠의 아들로 2대 종가(宗家)를 계승한 다케다 토키무네는 "아이키도 대부분의 기술은 용어를 바꾸었을 뿐 사실상 다이토류 아이키쥬쥬츠와 다르지 않다"[16]고 지적하였다. 또한 토키무네 사후(死後)에 종가(宗家)의 대리(代理)로 활동해 왔던 곤도 카츠유키(近藤勝之・1945~)는 기술의 동질성뿐만 아니라 예법과 사랑과 조화를 강조하는 측면도 다르지 않다[16]고 주장하고 있다.

결론적으로 다케다 소가쿠가 미친 영향을 고려할 때 아이키도의 기술체계나 원리가 다이토류 아이키쥬쥬츠와 단절적이라기보다 연속적이라는 다시 말해 상호 배타적이라기보다 융합적인 측면을 지니고 있다고 볼 수 있으며, 모리헤이의 독창적인 무술이라기보다는 다이토류 아이키쥬쥬츠의 아류적인 면도 있다고 봐야한다.

그러나 다른 각도에서 해석하면 결정적으로 아이키도가 시대의 흐름에 공감할 수 있는 수련 콘텐츠를 만든 것이 주효했기 때문에 신(新)무도로 새롭게 자기화하고 현대 무도의 독자성을 완성하였다고 볼 수 있다.

<다이토류 아이키쥬쥬츠 기법과 아이키도 기법 비교표>[12]

구 분	大東流 合氣柔術 技法	合氣道 技法
제1조항	띄우기수 단련법 손목 관절꺾기(1조항 관절꺾기) 손목 젖히기 사방던지기 입신던지기	호흡력 양성법 굳히기 수 제1교(第1敎) 손목 젖히기 사방던지기 입신던지기
제2조항	손목 관절꺾기(2조항 관절꺾기)	굳히기 기술 제2교
제3조항	손목 관절꺾기(3조항 관절꺾기) 3조항 정면치기 잡기수(안팎) 흉기 잡기(별전別傳)	굳히기 기술 제3교 회전 던지기 많이 쓰지 않는다. 굳히기 기술 제5교
제4조항	손목 관절꺾기 팔꿈치의 관절꺾기 잡기수	없다 없다 굳히기 기술 제4교
제5조항	팔꿈치의 관절꺾기	없다
제6조항	팔꿈치의 관절꺾기(실전 기술)	없다
제7조항	팔꿈치의 관절꺾기(실전 기술)	없다

Ⅴ 아이키도(合氣道)의 이념 형성과 무도 교육적 가치

아이키도는 입신과 전환의 '몸 놀림새와 호흡력(力)'을 이용해 자신을 지키는 호신무술로서 그 가치가 있다. 심신단련을 통해 전인교육, 즉 신체적, 정신적, 사회적으로 올바른 인간을 육성하는 체육 및 스포츠 교육으로서도 풍부한 내용을 가지고 있다.

1. 신체적 가치

아이키도는 주로 상대의 팔・손목 등을 잡고 관절을 가동한계까지 신전시키고 상대를 완전히 중심을 잃고 넘어지거나 엎드리게 만들어 대응불능 상태로 제압하는 체포술과 포박술, 급소지르기 기술, 호흡법, 굳히기 기술(固め技術), 손목젖히기(小手返し), 사방던지기(四方投げ), 입신던지기(入身投げ), 허리던지기(腰投げ), 구석던지기(隅落し), 회전던지기(回轉なげ), 몸 전환 등 기본적인 기술이 종합적인 측면을 가지고 있어 이와 같은 근육활동은 신체의 균형적 발달과 기능향상 및 체력의 각 구성요소를 향상시킨다.

또한 아이키도는 수련과정이 어렵고 힘든 부분이 있지만 이것을 극복하면 신체적 극복의 쾌락을 음미할 수 있다. 그리고 전신을 움직이는 다양한 기술과 신체활동을 통해 구심력, 근력, 지구력, 순발력, 민첩성, 안정성, 평형성 등의 신체적 기능을 배양하고, 신체의 조정력과 여기에 동반하는 균형잡힌 신체발달을 촉진한다.

사방던지기, 입신던지기, 회전던지기 등의 기술수련을 통해 민첩성・평형성・순발력・지구력 등을 단련할 수 있으며, 상대를 제압하는 체포술과 포박술 등의 굳히기 기술 연습을 통해 유연성과 지구력 그리고 정신적인 차원에서의 극기력과 투지력을 단련할 수 있다. 그리고 불의의 공격에 정당한 방어 등 신속한 대처능력을 육성하고 안전면의 호신능력을 향상시킨다.

이처럼 아이키도는 상대와 몸을 부딪치면서 기량을 연마하는 대인적(對人的) 무도이기 때문에 연습량이 많을수록 고도의 체력과 의지력을 단련할 수 있다.

기술을 걸 때 기회를 노려서 순간적으로 기술을 거는 기민한 동작과 역으로 상대에게 걸릴 위험을 두려워하지 않고 적극적으로 부딪치는 자세 등의 수련은 올바른 인간의 덕성을 함양하고 인간형성에 교육적 효과가 있다.

2. 사회적 가치

아이키도를 수련하는 목적은 공격과 방어 연습을 통해 실패하고 부딪치고 넘어지고 깨지면서 더 많은 것을 배우며 심신을 단련하고 몸과 마음을 합리적으로 사용할 수 있는 자세를 체득하는 데 목적을 두고 있기 때문에 기술의 연마와 체력의 단련뿐만 아니라 수련자의 인격형성과 덕성함양에도 힘쓰고 있다. 또한 수련에는 엄격한 규범과 제약이 있다.

인간은 사회적 존재로 사회질서와 규범 속에서 살아간다. 아이키도의 수련도 도장에서는 바른 몸가짐(바른 자세), 신중한 태도, 기품, 선후배 간의 예의를 지키는 수련문화의 체득을 통해서 리더십과 맨버십, 사람과의 관계를 배울 수 있고 사회에 적응하기 위한 수단과 예의, 관용, 극기 등의 태도를 몸에 익힌다.

수련과정을 비롯해 심신의 수양, 인내력, 인간의 근본적인 욕구로부터 자신을 억제하는 강한 정신력을 배양하기 위한 아이키도의 수련은 사회성의 학습에도 도움이 된다. 그러므로 상대를 던지는 즐거움을 음미하기 이전에 자신이 던져지는 것(낙법)부터 배운다. 이러한 아이키도의 수련을 통해 강인한 체력과 더불어 불굴의 투지와 용기, 그리고 진취성과 독창성을 몸에 익힌다.

공격과 방어의 연습은 상대와 자신의 관계를 인식하는 좋은 기회가 되며, 급소치기, 손목 젖히기, 사방던지기 등의 기술을 당해 넘어지는 치욕을 당해도 참고 인내해 가는 자발적인 학습과 극기심이 요구되기 때문에 용기, 적극성, 자기조절 등을 통해 타인의 인격존중, 예절, 겸손, 협력 등 사회성을 육성할 수 있다. 그리고 수련 중에 상대와의 공격과 방어의 신체접촉을 통해 공감과 배려의 사회성을 고취하는 사회성 함양이라는 교육적 가치가 있다.

특히 아이키도는 수련을 통해 정신력의 도야를 중시하는 무도이기 때문에 궁극으로는 민주시민의 자질을 배양하고, 인격형성·자기주도적 수련에 중점을 둔 사회 교육적 효과를 가지고 있다.

실제로 아이키도를 수련하는 현장은 지도자와 수련자, 선·후배와의 공동체 의식 속에서 땀을 흘리고 있다.

지도자의 시범을 흉내 내어 수련하는 행위는 몸으로 배우고 동시에 몸과 마음을 연마하는 실천적 행위라고 할 수 있다. 그리고 형(形)의 수련은 늘 냉정하게 판단하고 자기본위가 되지 않도록 상대를 배려하고 서로 협력해 자기를 주장하면서도 상대의 입장에서 이해하는 자세를 체득하는 등 도장에서의 모든 행위는 모범적인 사회생활의 행위를 실천하는 수신(修身)교육적 공간의 성격도 가지고 있다.

3. 정신적 가치

아이키도의 수련은 건전한 신체활동을 통해 약한 마음보다 강한 마음, 나태함보다도 성실함을 추구하고, 불안, 초조, 긴장 등을 자신의 의지로 조절하고 극복하여 정신력을 강화하는 데 중점을 두고 있다.

우에시바 모리헤이는 아이키도의 이념을 '상생(相生)과 대동화합(大同和合) 및 조화의 정신'을 이상적인 수련목표로 규정하고, 아이키도를 통한 끊임없는 수련과 극복 과정에서 체득하는 자아완성을 추구하였다. 그리고 모리헤이는 비시합주의의 원칙을 세우고 아이키도는 무도의 이상적인 본질로 되돌아간다는 의미로 「武産合氣道」의 명칭을 사용하기도 하였다.[17]

무산(武産)이란 상생(相生)의 도(道)와 화합(和合)의 도(道)이며 서로 부딪치지 않는 상태를 의미한다. 이처럼 모리헤이는 「자기완성을 추구하는 구도(求道)」가 수련 목적이라고 했으며, 구도(求道)에 대해 신인일여(神人一如·신과 인간이 하나를 이룬다)를 통해 우주의 질서와 조화하는 정(靜)적인 일체감과 우주적 변화에 대응하는 동(動)적인 일체감을 자신에게 체현(體現)하는 것이라고 하였다.[17]

특히 모리헤이의 아이키도 이념을 체계화하여 현대화하고, 그리고 과학적이며 철학적으로 정리한 사람은 2대 도주 우에시바 킷쇼마루이다.

킷쇼마루는 아이키도의 정신을 "화합의 도(道)이며 만유귀일(万有歸一)이라는 정신적 수양을 근저(根底)로 하는 신체적 표현의 절묘(絶妙)한 총체이다"라고 하였다.

즉 우주의 삼라만상(森羅萬象)을 창조한 조물주(造物主)의 이상세계(理想世界), 다툼이 없는 정(靜)의 경지에 이르는 것을 추구하고, 정신성의 수련을 최고의 이상으로 인식하였다. 그리고 사랑과 화합에 의해 귀일(歸一)하는 이상적인 천국정토(天國淨土)의 세계를 달성하는 것이 아이키도의 사명이며 가장 소중한 정신이라고 주장하였다.

모리헤이의 무도사상이나 킷쇼마루가 강조하는 아이키도의 정신은 "아름다움 속에 강함이 숨겨져 있고, 이기되 천박하게 승리를 얻지 아니하며, 패하여도 보기 흉하지 않게 패배를 인정하는 곳에 아이키도의 아름다움이 있다고 강조하였으며, 인터내셔널리즘(國際主義) 입장에서 과거 일본 무도의 봉건적인 악습을 떨어버리고 진실로 휴머니즘이나 민주주의적 원리에 입각한 무도가 되어야 한다"[20][27]고 강조하였다.

이것은 피상적인 수준에서 이기고 지는 승부를 말하는 것이 아니라 아이키도 수련의 가치와 의미까지도 포함하여 모든 것을 종합한 자기완성을 추구하는 인생 전체에서의 승리 여부를 의미한다. 어디까지나 추상과 관념의 차원이지만, 일본 무도철학 영역에서 깊은 해석을 시도하는 많은 연구가 진행되고 있다.

이처럼 수련과정에서 아이키도의 정신, 무도 철학이 밑바닥에 깔려있기 때문에 아이키도는 상대와 직접 부딪치는 것을 부정하고 상대의 힘을 그대로 받아들여 '원(圓)의 원리, 유(流)의 원리, 화(和)의 원리'에 근거한 움직임을 구현(具現)하려고 한다.

이와 같이 서로 부딪치지 않는 상태·다툼이 없는 정(靜)의 경지를 추구하는 이념이 아이키도 정신의 근본 원리이기 때문에 수련과정은 먼저 기술시범을 보고 그것을 흉내내는 것에서 시작하며 동작의 정확성을 획득하는 과정에서 인내력, 극기력, 집중력이 몸에 체득되며, 아이키도의 이념인 만유애호(万有愛好)를 이해하게 되고, 참된 승리는 상대를 패배시키는 것이 아니라 적의 마음에 사랑이 생기도록 한다는 점을 알게 하는 것이라고 아이키도 지도자들은 주장한다.

이런 맥락에서 아이키도는 인류애와 평화를 체득하는 수신교육(修身敎育)으로서의 가치가 있다. 또 현대 무도스포츠가 승리지상주의에 전락(轉落)하기 쉬운 현실과 서양 중심의 스포츠교육의 한계를 극복하는 수단으로서도 아이키도는 학교체육과 생활체육의 교재로 교육적 가치가 있는 일본 무도에 기원을 두고 있는 동양적 신체운동 문화라고 할 수 있다.

스포츠의 교육적 가치는 쿠베르탱이 제창한 "스포츠를 통해 심신을 향상하고 문화, 국적 등 다양한 차이를 초월한 우정, 연대감, 페어플레이 정신으로 서로 이해하며, 평화로운 세계 실현에 공헌한다"라는 스포츠의 진정한 모습은 아이키도가 추구하고 실천하려는 목표이기도 하다.

또한 아이키도의 지도이념은 무도수련을 통해 인류애(人類愛)와 평화애호(平和愛好)의 이념을 몸에 익히는 것을 목표로 하고 있기 때문에 아이키도 정신은 스포츠교육을 통한 인격교육이라는 교육적 효과와 가치를 이끌어 낼 것이라고 생각한다.

VI. 결론

본 연구는 술(術)에서 도(道)로 변천한 일본 아이키도(合氣道)의 현대 무도 형성과 발전 경로를 살펴봄으로써, 아이키도의 기원과 이념형성의 구체적 내용을 통하여 무도 교육적 가치와 의미를 밝히고자 하였다. 이에 대한 연구결과 다음과 같은 결론을 얻을 수 있었다.

첫째, 다이토류 아이키쥬쥬츠(大東流 合氣柔術)가 아이키도의 현대 무도 형성에 발전 토대가 된 역사적 사실과 기술적 연관성 및 동질감 측면에서 아이키도의 기술체계 형성에 다이토류 아이키쥬쥬츠가 큰 영향을 미쳤다.

둘째, 아이키도의 현대 무도이념 형성과 무도 교육적 가치 확립에 신토(神道) 및 오모토교(大本敎)와 데구치 오니사부로(出口王仁三郎)가 미친 영향은 우에시바 모리헤이(植芝盛平)의 종교관을 비롯해 철학, 사상, 아이키도 성립(成立)에 이르기까지 큰 영향을 끼친 것으로 볼 수 있으며, 특히 우에시바 모리헤이의 무도사상에 있어서 중요한 위치를 차지하고 있다.

셋째, 현대 무도의 스포츠화에 따른 경기 위주의 수련체계로 변화되는 현실에서 무도 스포츠가 승리지상주의에 전락(轉落)하기 쉬운 서양 중심의 스포츠교육의 한계를 극복하는 수단으로서도 아이키도의 무도이념은 어디까지나 추상과 관념의 차원이지만, 아이키도는 인류애와 평화를 체득하는 현대적 수신교육(修身敎育) 뿐만 아니라 무도 교육적 측면에서 본다면 심신의 조화를 추구하는 아이키도의 이념은 현대의 체육 및 스포츠교육학적 의미에서 현실적인 심신(心身)의 조화적 수련 가치를 지니고 있다.

넷째, 우에시바 모리헤이는 다케다 소가쿠(武田惣角)로부터 다이토류 아이키쥬쥬츠를 계승하여 고류(古流) 쥬쥬츠의 살인적(殺人的) 기법을 활인적(活人的) 무도로 새롭게 자기화하고 일본 무도의 독자성을 제시하였다.

연구결과를 종합적으로 볼 때, 한국에서 일본 아이키도의 신라무술 기원설을 주장하는 「시라기 사부로 요시미츠(新羅三郎義光)」에 대한 오역(誤譯)이나 신빙성에 문제가 있는 내용에 대한 문헌적 근거나 출전을 확인하고 증명하였다는데 의의가 있으며, 아이키도가 동양적 신체운동 문화로 무도스포츠 교육 현장에서 다방면에 기여할 수 있는 교육적 가치가 있음을 확인한 것이 본 연구의 큰 의미가 있다고 하겠다.

참고문헌

1. 二木謙一・入江康平・加藤寬, 日本史小百科『武道』, 東京堂出版, 1994年. pp. 194~195.
2. 笹間良彦, 図說日本武道辭典, 柏書房, 1982年. pp. 1~2.
3. 曾川和翁, 大東流合氣二刀劍, 愛隆堂, 1997年. pp. 117~154.
4. 田中守・藤堂良明・東憲一・村田直樹, 武道を知る, 不昧堂出版, 2007年. pp. 89~93.
5. 富木謙治, 武道論, 大修館書店, 1998年. pp. 204~208.

6. 鶴山晃瑞, 図解コーチ合氣道, 成美堂出版, 1985年. pp. 10~50.

7. 植芝吉祥丸・植芝守央, 規範合氣道　基本編, 財団法人合氣會・出版芸術社, 1997年. pp. 170~175.

8. 植芝吉祥丸, 図解コーチ合氣道, 成美堂出版, 1998年. pp. 10~35.

9. 植芝吉祥丸, 合氣道開祖　植芝盛平伝, 講談社, 1977年. pp. 93~98.

10. 植芝吉祥丸, 合氣道開祖　植芝盛平伝, 出版芸術社, 1999年. pp. 80~81.

11. 綿谷雪・山田忠史, 武芸流派大事典, 新人物往來社, 1969年. pp. 80-81, 93~99. 430~444.

12. 吉丸慶雪, 合氣道の科學, ベースボール・マガジン社, 1998年, pp. 8~16, pp. 90~113.

13. 工藤　龍太 著, 近代武道・合氣道の形成, 早稲田大學　學術叢書. 2015年. pp. 163~201.

14. 森　恕, 日本武道館 (編集), 大東流合氣柔術　琢磨會—その技法と合氣之術, ベースボール・マガジン社, 2018.

15. 石橋義久, 武田惣角伝 大東流合氣武道百十八ヵ條, BABジャパン出版社, 2015.

16. どう出版編集部, 武田惣角と大東流合氣柔術, 改訂版, どう出版, 2002. pp. 26~29, 51~61, 133~141, p. 307.

17. 清水　豊, 植芝盛平の武産合氣, 柏書房, 2006. pp. 139~188.

18. 大宮司朗・平上信行, 對談合氣の秘伝と武術の極意—大東流と合氣道の究極奥儀合氣之 術の秘密を語る—, 八幡書店, 2018. pp. 68~88, p. 112, pp. 116~117.

19. 柞木田　龍善, 中里介山と武術(下), 体育とスポーツ出版社, 1979. pp. 207~211.

20. 阿部　忍・阿部忍退職記念事業委員會, 体育・スポーツ哲學論・武道論—阿部忍記念論集, 不昧堂出版, 1990.

21. 出口達也 他著, 武道をたずねて—武道敎育への活用—, 日本大學敎育出版, 2018

22. 김정윤, 合氣術, 歐美書館, p.28, 1962.

23. 金利洙, 合氣探究, 도서출판 홍경, pp. 32~46, 2000.

24. 최종균, 대학합기도 지도법, 도서출판 레인보우북스, pp. 8~15, 2009.

25. 사단법인 대한합기도협회, 합기도 사범연수 교본, pp. 8~9.

26. 니토베이나조·미야모토 무사시(추영현 옮김), 무사도, 동서문화사, pp. 334~335, 2013.

27. 阿部 忍(박홍식 역), 체육·스포츠철학론·무도론, 대경북스, pp. 149~150, 2002.

28. 公益財団法人合氣會 (著), 合氣道探求 第61号, 出版芸術社, 2021.

29. 岸野雄三·竹之下休藏(著), 近代日本學校體育史, 東洋舘出版社, 1959. pp. 238~239,

<抄錄>

術から道へと変遷した 日本「合氣道」の形成と現代武道への發展経路

　本研究は、術から道へと変遷した日本の「合氣道」の現代武道形成と發展経路を見ていくことにより、合氣道の起源と理念形成の具体的内容を通じて、武道教育的価値と意味を明らかにしようとした。この研究の結果、次のような結論を得ることができた。

　第一に、「大東流合氣柔術」が、合氣道の現代武道形成に發展の土台となった歴史的事實と、技術的關連性、及び同質感の面で、合氣道の技術体系の形成に「大東流合氣柔術」が大きな影響を及ぼしていることを確認した。

　第二に、合氣道の現代的武道理念の形成と武道の教育的価値の確立において大本教(神道系)と 出口王仁三郎がもたらした影響は植芝盛平の宗教觀をはじめ、哲學・思想・合氣道の成立に至るまで、盛平の生活の轉機となる大きな影響を及ぼしたものと考えられる。

　第三に、現代武道のスポーツ化に伴う競技中心の修練体系に変化する現實において、武道スポーツが勝利至上主義に轉落しやすい西洋中心のスポーツ教育の限界を克服する手段としても、合氣道の武道理念はあくまで抽象と觀念の次元であるが、合氣道は「人類愛と平和を体得する現代的修身敎育」としての価値があると考えられる。

　第四に、植芝盛平は武田惣角から「大東流合氣柔術」を継承し、古流柔術の殺人的技法を活人的武道へと新たに自己化し、日本武道の獨自性を示した。

研究結果を總合的に見ると、韓國の一部の合氣道団体及び研究者が、日本の合氣道における新羅武術起源說を主張する根據となった、「新羅三郎義光」に對する誤譯や信憑性に問題のある內容の文獻的根據及び出典を確認し、證明したことに意義があると考えられる。

　また、合氣道が東洋的身体運動文化であり、武道スポーツの教育現場において多方面に貢獻できる教育的価値があることを確認したことが本研究の大きな意味を持つと言える。

※ 본 내용은 日本大學教育出版에서 발간(發刊)한 『武道をたずねて―武道教育への活用―, 出口達也 他著 (2018)』 중 저자 본인이 집필하여 pp. 131~149에 게재(揭載)된 「第7章 合氣道の教育的価値」 부분의 자료와 사단법인 경주사회 연구소에서 발간한 『경주사회 논문집 제9집(2021). pp. 262~293』에 게재(揭載)된 본인의 논문 『술(術)에서 도(道)로 변천한 일본 「合氣道」의 형성과 현대 무도로의 발전경로』를 수정·재편집하였음.

제2부

武道をたずねて ― 武道教育への活用 ―

: 第7章 合気道の教育的価値 (저자 집필 부분)

(日本 原書)

【日本大学教育出版에서 발간(發刊)한『武道をたずねて―武道教育への活用―, 出口達也 他著 (2018)』중 저자 본인이 집필하여 pp. 131~149에 게재(揭載)된 일본 원서 내용이며 히로시마 대학교(広島大學校, Hiroshima University) 등 일본 체육 관련 학과에서 현재 교양 교재로 채택(採擇)되어 활용되고 있음】

武道をたずねて
―武道教育への活用―

執筆者一覧

出口 達也（広島大学教授）：まがえき、第2章、おわりに

瀬川　洋（広島国際大学准教授）：第3章

金　炫勇（広島大学研究員）：第1章、第4章、第9章

大川 真弘（大川道場師範）：第5章

佐藤 秀幸（一般社団法人少林寺拳法連盟東京渉外担当参事）：第8章、コラム③

林　楯夫（広島大学体育会空手道部前監督）：第6章、コラム②

金　釘瞰（韓国大邱保健大学校教授）：第7章

羅　永一（韓国ソウル大学校教授）：コラム①

マーク・タンコシッチ（広島経済大学助教）：コラム④

武道をたずねて
― 武道教育への活用 ―

2018年2月20日　初版第1刷発行

■発　行　者────佐藤　守
■発　行　所────株式会社　大学教育出版
　　　　　　　　　〒700-0953　岡山市南区西市 855-4
　　　　　　　　　電話（086）244-1268　FAX（086）246-0294
■印刷製本────モリモト印刷 ㈱

©PARC 2018, Printed in Japan
検印省略　　落丁・乱丁本はお取り替えいたします。
本書のコピー・スキャン・デジタル化等の無断複製は著作権法上での例外を除き禁じられています。本書を代行業者等の第三者に依頼してスキャンやデジタル化することは、たとえ個人や家庭内での利用でも著作権法違反です。
ISBN978-4-86429-481-2

武道をたずねて
―武道教育への活用―

目　次

まえがき ………………………………………………………… 出口 達也…i

第1章 武道教育に求められるもの ………………………… 金 炫勇…1
1. グローバル時代の武道教育　*1*
2. アイデンティティの確立　*3*
3. 外国人が武道から求めるもの　*5*
4. 武道の普遍的な価値体系　*8*
5. 武道教育で求められるもの　*11*
6. 武道伝書の教材的活用の可能性　*15*
7. 武道授業への取り組み　*18*

第2章 柔道の教育的価値（1） ……………………………出口 達也…22
1. 柔道の意義　*22*
2. 「教材柔道」としての柔道　*25*

第3章 柔道の教育的価値（2） ……………………………… 瀬川 洋…31
1. 柔道の創始者「嘉納治五郎」　*31*
2. 「講道館柔道」の設立　*33*
3. 嘉納師範の海外渡航　*34*
4. 教育者嘉納治五郎　*35*
5. オリンピックと嘉納治五郎　*36*
6. 「精力善用」と「自他共栄」　*38*
7. 柔道の修行法　*39*
8. 「形」「乱取」　*39*
9. 「国士」に始まる機関紙「柔道」　*41*
10. 柔道あれこれ　*41*
11. 柔道の国際化　*46*

第4章　剣道の教育的価値 ………………………………… 金　炫勇…49
1. はじめに　*49*
2. 古代の剣術　*50*
3. 中世の剣術　*53*
4. 近世の剣術　*54*
5. 近代の剣道　*63*
6. 現代剣道　*68*
7. 剣道の教育的価値　*72*

【コラム①】：韓国の弓道紹介（羅　永一）　*77*

第5章　相撲の教育的価値 …………………………………大川　真弘…87
1. 相撲の歴史　*87*
2. 相撲の現状　*92*
3. 相撲の特性　*93*
4. 相撲の技術　*94*
5. 教育現場での実践 ― 武道必修化と相撲の授業 ―　*103*
6. 指導者として　*109*

第6章　空手道の教育的価値 ………………………………… 林　楯夫…112
1. 唐手から空手へ　*112*
2. 流派について　*116*
3. 競技空手　*117*
4. 競技規定についての考察　*118*
5. 空手道を学ぶ態度　*122*

【コラム②】：空手道の「糸洲十訓」について（林　楯夫）　*127*

第7章　合気道の教育的価値 ………………………………… 金　釪暾…131
1. 合気道の成立と大東流合気柔術との関係　*131*
2. 植芝盛平の自立と合気道の成立過程　*136*

3. 合気道の技術原理と技術体系　　143
    4. 合気道の教育的価値　　146

第8章　少林寺拳法の教育的価値 …………………………………… 佐藤　秀幸…150
    1. はじめに　　150
    2. 少林寺拳法の創始の動機と目的　　151
    3. 少林寺拳法の特徴　　153
    4. 少林寺拳法の修練　　155
    5. 指導のあり方　　158
    6. 少林寺拳法の教育的価値　　160
    7. おわりに — 将来に向けて　　162
        「会報 少林寺拳法」に掲載されたインタビュー記事（抜粋）　　164
        2016年度の主な宗道臣デー活動　　168
        宗道臣語録（抜粋）　　174
    【コラム③】：少林寺拳法の武道への活用（佐藤　秀幸）　　183
    【コラム④】：杖道について（マーク・タンコシッチ）　　191

第9章　武道をどう生きるか ………………………………………… 金　炫勇…196
    1. 嘉納治五郎の実践　　196
    2. 高野佐三郎の実践　　200
    3. 野間清治と野間道場　　201
    4. 武道精神と野球　　202

おわりに …………………………………………………………………… 出口　達也…206

執筆者一覧 ……………………………………………………………………………… 207

第7章
合気道の教育的価値

1. 合気道の成立と大東流合気柔術との関係

（1） 合気道の源流

　合気道は、和歌山県田辺市生まれの植芝盛平（1883-1969）によって創始された現代武道の一つとして知られています。盛平は156cmと小柄でしたが、若いころから柔術（起倒流）や剣術（神陰流）に関心があり、稽古をしていました。そして、大正4（1915）年、北海道で開拓にあたっているとき、大東流合気柔術の中興の祖、武田惣角（1859-1943）の門人に入り、大東流合気柔術の秘伝奥義之事の目録を授けられ、さらに厳しい精神的修行を経て合気道を生み出しています。そのため、合気道の源流を探るためには、まず盛平が習ったとされる古武道の大東流合気柔術から説明する必要があります。

　大東流合気柔術はいつごろ、誰によって起こり武田惣角に至ったのかについては諸説あり、また以前の文献が見つからないため分かりません。また、惣角が旧会津藩の家老で、当時は福島県霊山神社宮司をされていた西郷頼母（のちに保科近悳と改名）に師事したことも惣角の死後に知られるようになったことで、頼母以前の伝承についても伝わっていません。結論的にいえば、大東流合気柔術は、西郷頼母に習った柔術を根幹にして武田惣角によって大東流柔術という流派名は形成され、さらに大正11（1922）年に合気の概念を取り入れて、大東流合気柔術という名前になりました。

(2) 大東流の起源

合気道の源流になる大東流は、伝承によると、9世紀末の清和天皇第6皇子の貞純親王に発し、これが源氏に代々伝えられ11世紀頃に八幡太郎義家の弟子の武将・新羅三郎義光（源義光とも）に伝えられたとされますが、一般的に新羅三郎義光を始祖とします。その後、甲斐の武田家を経て会津（福島県）の武田国次によって会津藩に伝承され、明治31（1898）年に新しい時代に適応する武道のために会津家御式内の秘技を公開普及することを決めた会津藩家老・西郷頼母の特命を受けた会津の武田土佐国次の末孫の武田惣角によって「大東流合気柔術」として普及されるようになりました。大東流の系譜は、次のとおりです。

　　新羅三郎義光（始祖）→ 武田信重 → 武田国次 → 保科正之（会津藩祖）→ 保科正経（二代会津藩）→ 宋平正容（三代会津藩）→ 宋平容貞（四代会津藩）→ 宋平容領（五代会津藩）→ 宋平容住（六代会津藩）→ 宋平容衆（七代会津藩）→ 宋平容敬（八代会津藩）→ 宋平容保（九代会津藩）→ 西郷頼母（保科近悳）→ 武田惣角 → 武田時宗

(3) 大東流の名称

大東流の名称については、新羅三郎義光が「大東の館」に住んでいたのでついたという説、大東久之助の名前が由来だという説、日本・中国・朝鮮の三国、つまり大東圏第一の意が由来だという説など、合気道各派でも諸説があります。綿谷編『武芸流派大事典』によれば、武田信玄の一家に相木森之助という人物がいて、武田流の達人と呼ばれていましたが、武田家の没落後、相木森之助の家臣であった大東久之助がこれを受け継いで「大東流」と称するようになったとしています。また、大東流は正式には「御式打」と呼ばれていましたが、昭和2（1927）年に合気という用語が加わるようになったと述べています。

一方、西郷派大東流の当主である曽川和翁は、著書『大東流合気二刀剣』で、「大東流は数百年間に渡って作られた会津藩の御式内および会津藩校の日新館の教科武術と太子流兵法を合体させて作り上げた武術であり、一人の天才（新

羅三郎義光）の工夫によっていきなり生まれたものではない。会津藩の家老たちが中心になって編纂され、その後、幕府末期の公武合体政策に基づいて、幕府および皇族一家を警護する武術として編纂されたものである」といっています。ところが、綿谷や曽川の主張を裏付ける伝書や記録は見つかっていません。曽川は、伝書や記録が残されていない理由について、神道や密教のように門外不出を奥義としたためであるといっています。さらに、新羅三郎義光が大東の館に住んでいたためついたという説について、大東流側が武田惣角を始祖とするため作り上げた憶測にすぎないと否定しています。

（4）大東流合気柔術における合気の意味

　大東流に合気という言葉を流名として取り入れたのは、武田惣角です。そのため、合気の意味を探るためには、まず合気の原点から見る必要があります。吉丸著『合気道の科学』では、武田惣角以前の文献に見られる合気の語の用法を次のように紹介しています。

　　高野佐三郎著『日本剣道教範』
　　　「合気をはずす事、敵強く来れば弱く応じ、弱く出ずれば強く対し、晴眼にて出れば下段にて拳の下より攻め、下段にて来れば晴眼にて上より太刀を押さえるというように、合気を外して闘うを肝要とす」。

　　『天神真楊流伝書』
　　　「水に浮いた瓢を指先で水中に押すと、瓢は沈まずにくるりと反転し、指先に離れずに纏いつく。この状態を相気という」。

　　立川文庫『宮本武蔵』明治44年発行
　　　「……正当の矢ならば何千体射られるとも受け損じる拙者ではござらぬ。しかるに卑怯にも合気の法をもって某の自由をとどめ、その上にて矢を向けられるは死物を射るも同然の仕儀……」（この合気の法は合気遠当ての術ともいう）。

　西郷頼母（保科近悳とも）が武田惣角に大東流合気柔術を伝えたとされますが、残念ながら会津藩に武田以前の記録や実態を知る者はいません。大東流合

気柔術は惣角によって世に知らされており、彼は実質上の創始者になります。頼母に奥義を伝授された惣角は、大東流として武者修行に出ました。明治43（1910）年に惣角は、高弟であった秋田県の警察部長・財部實秀の要請もあり、全国の警察署を巡回しながら教育することになりました。大東流は、この巡回をきっかけに全国に知られるようになり、惣角は武術家として有名になりました。

　また、海軍大将・竹下勇は講道館柔道を習いましたが、植芝盛平に出会い、大東流に心酔することになりました。当時、大東流を直接見た新聞記者・尾坂與市のエピソードがあります。昭和4（1929）年、ある武道雑誌に「歯が抜け、耳もよく聞こえない、小柄の老人（70歳）が剣道、柔道、空手の現役猛者たちを、まるで手の中の玉を扱うようにしている」と書かれた竹下勇の記事を目にした朝日新聞の記者は、真実を確かめことにしました。そして、翌年7月29日、記者は巡回教授中の惣角に会いました。記者は道場に入るや否や、まず自分の目を疑いました。順番にかかってくる丈夫そうな若い弟子たちを、小柄の老人が軽々と倒していたからです。次に5、6名が同時にかかってきても結果は同じでした。柔道にも一見識をもっていた尾坂記者は、本当かどうか試したくなり、稽古をお願いすることになります。ところが、彼は老人だと思った惣角の体に一切触れることができず、簡単に倒れてしまいました。その後、惣角は40cmくらいの腰刀の示範を見せましたが、腰刀を片手で振り回したにも関わらず、音が出るほど威力的でした。これは腕の力だけでは不可能な気の威力で、弟子たちも惣角が使う気、あるいは呼吸の使い方についてよく理解していないようでした。これを自分の目で見て確かめた尾坂記者は、同年8月17日付新聞に「大東流は今世紀の最高の護身術だ」と激賞しました。

　ところが、惣角がいつごろ合気という言葉を大東流につけたのかについては明らかになっていません。合気について、大東流側は、始祖の新羅三郎義光が自然の理気と人間の気が合わさったとき、兵法の極意に至ることを知り、それを合気と名づけたとしています。ところが、これについても文献が見つからないため分かりません。

　剣道の用語の中にも合気という語があり、自分が攻めれば相手も攻め、自分

が退けば相手も退く、つまり攻防の意図が合致することを合気としています。しかし、大東流側がいう合気と剣道の合気とは相違が見られます。合気について、惣角の高弟である佐川幸義は次のように説明しています。

> 「合気とは、相手の力を合理的な人体の構造によって相手の意と気を無力化させ、自分の力を自由自在に発揮すること。(中略)気とか催眠術というものを使っているのではなく、とても簡単な力学を用いている。自分の手足や体が相手に当たったとき、内部筋肉の作用で相手の力を抜くこと。(中略)合気とは、相手の力を抜かせ、抵抗を無駄にさせる技術だ。合気の呼吸とは、自得するもので、言葉で伝授することはできない。(中略)合気は、基本的に両手を活用・鍛錬させるが、奥義に至れば全身が合気自体になり、体全体の動きが合気の投げる姿勢になる」。

また、惣角の子、武田時宗は、合気について、「押すとき引き、引っ張れたら押すことだ。あるいは、遅さと速さ、相手の気と自分の動きの調和する心だ」といっています。一方、その反対である気合について、「合気が決して抵抗しないことに対して、極限まで押すこと、または相手が先攻してくるときの護身術であり、これを大衆に言及するとき、合気という言葉を用いる」といっています。

また、惣角は朝日新聞の記者(尾坂與市)の質問について次のように答えています。

> 「大東流の威力は、一言でいえば、合気術です。この合気術の基礎は剣から修練しなければなりません。その理由は、剣が武術の中で一番速いからです。剣を自由に操ることができれば、槍やなぎなた、棒なども自由自在に使えます。このような武器で努力すれば、究極には素手で武器をもった相手を倒すこともできます。これこそ合気術です」。

惣角は比較的に遅い年(38歳)に大東流に入門しましたが、大東流の関節技法はほとんど手首の力に左右されることを知り、剣を通して鍛錬された自分の手首が大東流の技術を修得するのにこの上なく効率的であることに気づきました。そして、剣を通して得た多くの実践的な経験から相手との距離感覚と来

るタイミング、すなわち人間の呼吸力に発する気が柔術にも必要であることに気づきました。そのため、惣角は大東流が自分の剣術と柔術の合によってできた技術の究極、すなわち気という意味で合気という名称にしました。つまり、惣角は、大東流＝柔術、すなわち素手武芸という固定観念から離れ、その修練過程に各種の武器術を採択することによって強力な手首の力と武器をもった相手にはばまない実践的な感覚を身につけることを強調するため、合気を取り入れました。このような理由から大東流では剣術を主な修練過程にしています。昭和7（1932）年、植芝盛平が有信館の若い剣士・中倉清を養子にしたのも剣術の重要性に気づいたからです。

大東流合気柔術は、176を超える日本の柔術流派の中でも関節技と投身技法がより体系的に発達した流派です。特に気の運用や呼吸養成法のような内攻的修練が脆弱な日本武道に合気という独特な修練法を体系化かつ技術化し、内攻的修練を取り入れたのは大東流合気柔術および合気道の大きな特徴です。

2. 植芝盛平の自立と合気道の成立過程

植芝盛平が合気道を作り上げた直接のきっかけは、大正4（1915）年32歳のとき、古武道の大東流合気柔術の中興の祖、武田惣角との出会いです。

（1）植芝盛平の足跡

明治16（1883）年12月14日、合気道の創始者・植芝盛平は平凡な農家の長男として和歌山県田辺市に生まれました。盛平は幼児期、病弱でしたが、記憶力がよく、鋭敏な感性の持ち主だったようです。明治28（1895）年、13歳のとき、県立中学校に入学しましたが、中退し、そろばんを習いしばらく税務署につとめました。ところが、政府の漁業法改定に反発し税務署を辞職します。その後、明治34（1901）年、19歳のとき単身上京し、その翌年、植芝商会という文房具店を開きました。その間、近所にある道場で起倒流（柔術）、神陰流（剣術）などを2か月あまり習いました。しかし、体調をくずして、店を整理し帰郷することになります。回復後の明治36（1903）年、盛平は入隊

しようと志しましたが、身長制限があり拒否されます。それにもかかわらず、再身検を受け入隊しました。盛平は自ら志願し日露戦争に参加するなど、積極的な軍隊生活が評判となり、除隊ごろには陸軍予備学校への入学を進められました。休日には有名な武術家の道場や神社を訪ね、剣、杖、槍などから甲冑組打ち術に至るまで、幅広く武技の蘊奥を究めました。このころ、中井正勝に柳生流（柔術）を習い、免許を受けました。4年後、除隊して実家に戻りましたが、政府の「神社合祀」に反対し、博物学者・南方熊楠とともに神社合祀反対運動を展開しました。このように内に燃える情熱を秘めているにもかかわらず、発散できない盛平を心配した父・植芝与六は、自宅に武術の道場を造り、当時巡回中の講道館柔道の使い手・高木喜代市を家に招聘し、盛平とともに地元青年に柔道を教えるようにしました。

　その後、明治45（1912）年、「北海道開拓移住民団体結成計画」が公布されると、盛平は中心となって村人80名を引きつれ北海道白滝原野増画地に入植しました。開拓の日々に明け暮れた盛平は、大正2（1915）年、出張で行った遠軽の田舎旅館久田で偶然にも惣角に出会い、1か月間、大東流合気柔術を習いました。千変万化した大東流の技法に感服した盛平は、その後も惣角を村に招聘し、村の青年とともに指導を受け、大正3（1916）年には秘伝目録を授けられました。

　その後、大正8（1919）年11月、父の危篤を知り、白滝を後にしました。帰郷する列車の中で、多くの病人を祈祷で治療する奇跡の人の話を耳にした盛平は、京都府下の綾部の大本教（神道）の本部に立ち寄り、出口王仁三郎に会いました。そして、翌年、周りの反対にもかかわらず、王仁三郎がいる綾部へ移住しました。王仁三郎との出会いは、その後の盛平の宗教観をはじめ、哲学、思想、合気道に至るまで、盛平の生き方に大きな影響を与えることになります。王仁三郎は、「あんたはな、好きなように柔術でも剣術でも鍛錬することが一番の幽斎になるはずじゃ」と、盛平に大東流の指導を勧めました。これによって最初の合気道の道場である「植芝塾道場」が誕生しました。盛平は王仁三郎に習い、神道の面からヒントを得て技法を創始し、合気道に取り入れました。

しかし、大正10（1921）年2月、大本教は天皇に対する不敬罪で政府の弾圧（第一次大本教事件）を受け、王仁三郎をはじめ、多くの大本教関係者が投獄されることになります。運よく植芝塾道場には、被害はありませんでした。同年、6月27日には後で2代目になる三男植芝吉祥丸が生まれました。翌年、保釈された王仁三郎は、大々的な組織整備を行い、盛平を重役に任命します。大本教の幹部職に任命された盛平は、大本教のイメージ構築に努力するとともに、大本教を中心に合気道を広めていきます。この時期より盛平は「合気武術」という名称を使い始めました。その後、大正13（1924）年2月、王仁三郎は世界統一宗教の国を実現しようという壮大な雄図のもとに、盛平をはじめ、弟子たちを満蒙に連れていきます。そこで、「内外蒙古独立軍」を結成しましたが、同年の6月、張作霖の怒りを買い、逆に追討されました。日本領事館に助けられた盛平は帰国しました。盛平は、短い間でしたが、中国にいる間、中国名で自らを王守高と名乗りました。盛平は、王守高という名前が好きで、帰国後にもしばらく王守高という名前を使っていたという記録があります。帰国し、再び綾部の地にもどった盛平は、道場を再整備し運動を再開しました。この時期から、大本教の関係者のみならず、海軍関係者、地元の人々など、多くの人々が道場を訪れるようになりました。特に海軍大将・竹下下男との出会いは、合気道が跳躍する弾みとなりました。

昭和2（1927）年2月、竹下下男の招聘もあり、一家で上京することになります。これをきっかけに、合気道の活動の拠点は東京に移ります。最初は、芝白金の島津公爵の下屋敷の一部建物を道場に改造し、紹介された軍人幹部、華族、実業家などに合気道を教えました。その後、内海勝二男爵の提供で芝三田道場、さらに竹下下男の紹介で芝車町道場を開き、それに従って引越ししました。このときから、盛平は、合気道が悪用されることを恐れて、道場の入門は、信用ある人の紹介および保証人2名を入門条件に加えるなど、既存の柔道、剣道道場とは違う高級化戦略をとりました。

その後、昭和6（1931）年4月、新宿若松町に皇武館道場を建設し、「合気道武道」と称しました。翌年には大阪にも支部ができ、東京と大阪を行き来しながら合気道を指導しました。大阪では大阪警察本部長・富田健治、警察署

長・森田儀一、朝日新聞の久琢磨など、上層部の人々を指導し、更なる発展の土台を作ります。そして、同年8月には大本教の要請もあり、「大日本武道宣揚会」を組織し会長になるとともに「武道」という機関紙を刊行しました。ところが、昭和10（1935）年12月、第二次大本教事件が発生し、大本教は壊滅的な打撃を受けましたが、盛平は合気道を習っていた警察関係者の助けで無罪放免になりました。この事件以来、周りの勧誘もあり、大本教と距離を置くことになります。

　このように道場が拡大していく中、盛平は武田惣角の大東流合気柔術の陰から脱皮する必要性を感じるようになりました。そこで、盛平は、昭和14（1939）年、軍・官・政・財界の上層部にいる弟子たちの協力を得て、合気道の法人化を推進しました。また、有信館の若い剣士・中倉清を養子にし、各種の剣道大会に皇武会の名前で参加させ、皇武会を宣伝とともに大東流合気柔術と剣道を並行し、合気道のオリジナリティを作っていきます。さらに三男・吉祥丸にも鹿島新當流（剣術）を習わせました。

　昭和15（1940）年4月、皇武会が財団法人として当時の厚生省から認可され、寄付行為が認められるようになります。初代会長は軍大将・竹下下男、副会長は陸軍中将・林桂が任命されました。また、近衛文麿公爵、前田利為侯爵、富田健治、藤田欽哉、岡田幸三郎など、多数の著名人が役員になりました。そして、資本金は富田健治や岡田幸三郎の協力を得て、三井、三菱、住友など、当時の財閥の定期的後援金を受け、さらに実業家の宮坂照蔵から寄付金を受けました。

　その後、昭和16（1941）年に太平洋戦争が勃発すると、武道統合の気運が高まり、翌年にすべての代表的な武道が大日本武徳会に統合されました。このとき、「植芝合気」「植芝流武術」「合気柔術」「合気武道」などの名称で呼ばれていたものが、盛平の意志により「合気道」に統一されました。また、一時的ではありましたが、大日本武徳会の称号審査規程に従って、錬士、教士、範士の称号を採択した時期もありました。この時期から財団法人皇武会本部道場は当時早稲田大学予科（学院）に通っていた三男・吉祥丸に委託し、盛平は茨城県に買い求めてあった「岩の里」で、田畑を耕しながら武道練磨に励みまし

た。ここで、合気道は、大東流合気柔術の陰から離れ、独創的な新武道として誕生することになります。以降、合気道は吉祥丸によって現代化した大規模の組織として発展していくとともに合気道の理論および哲学を作り上げていきました。

　嘉納治五郎が現代体育の立場から柔道のスポーツ化に貢献したとすれば、武田惣角は平安時代後期から受け継がれてきた古武道（大東流）を継承しました。また、植芝盛平は、武田惣角に大東流合気柔術を受け継ぎ、新しく自己化し、日本武道の独自性を示したということができます。武田惣角の大東流合気柔術は、柔道や合気道に比べ、大きく組織化されませんでしたが、武田惣角直系の大東流伝統古武術として諸派とともに発展しました。

（2）合気道が主張する合気の意味

　大正3（1916）年、武田惣角より大東流合気柔術の巻物を与えられた植芝盛平は、しばらくの間は「合気柔術」という用語を使っていましたが、昭和期に入ってから「合気武道」という名称を使いました。その後、昭和17（1942）年、武道が大日本武徳会に統合されるとき、柔道、剣道、弓道にちなんで同じような名前に統一しようと、合気武道から合気道へと名称を変えました。

　盛平は、合気について、合気は「天地の気に合する道」としています。そして、「5 の 10、2 の 10、つまり相手が 5、2 の力で向かってきたら、こちらは 5 の力、8 の力を足して 10 にする。これが和合の道である」といっています。しかし、稽古をするとき、わざと相手の気に合わせるとしたら、実戦のときは対応できないと、戒めています。そこで現在では、合気道は「天地の法則（気）を明らかにし、一拳手、一投足も天地の法則に適う様に鍛錬し、相手に勝つのではなく自己も完成する道である」といっています。

（3）戦後の発展過程

　合気道は他の武道と同様、終戦後の数年間は苦難の時期を迎えました。連合国軍最高司令官総司令部（GHQ）の政策により武道は軍国主義の産物と見なされ、学校授業から廃止を余儀なくされました。また、部活や道場での稽古も

制限、あるいは禁止されました。しかし、サンフランシスコ講和条約を機に、柔道、剣道をはじめ、日本を代表する武道団体がスポーツとして再出発する中、2代の道主・吉祥丸は競技化とスポーツ化に反対しました。むしろ、合気道が持つ人類愛的な精神を強調し、GHQを説得しようと努力しました。

　このような努力の結果、昭和24（1949）年2月、合気道は柔道より早く、財団法人合気道として文部省の認可を得ました。他の武道に比べ、財団法人として早く認可を得ることができた背景には、富田健治、藤田欽哉、西勝造など、上層部の人脈の働きかけや、文部省の中山甲子事務官の配慮などもありましたが、一番大きな原動力は道主・吉祥丸の緻密な計画と推進力でした。合気会の発足後、吉祥丸は新しい人材の登用をはじめ、各種の企画や改革を推進しました。その一環として、月刊「合気会報」を創刊し、合気道が持つ独自性を宣伝し、普及を図りました。

　そして、文部省の勧告もあり、昭和30（1954）年まで盛平がいる「岩間」を合気道本部にし、初代会長として富田健治が推薦されました。このような努力の結果、昭和30年（1954）から本部道場で修練した修練経験者たちが農村や勤務先などで道場を開設し、支部が結成されるようになります。また、本部道場は各大学に合気道クラブの結成を支援し、指導員を派遣しはじめました。さらに、大学やクラブなどで合気道を習った者が社会人になり、実業団合気道クラブを結成しました。このときから合気道を紹介する説明会や練武大会が数多く開催されるようになり、一般により広く知られるようになるとともに知名度も上がりました。

　特に、昭和31（1955）年9月には一般公開に反対していた盛平を説得し、一般人を対象にする大規模な公開演武大会が日本橋で五日間開催されました。このとき、今後の合気道の海外普及を考え、各国の大使や公使を招待しました。また、昭和35（1959）年4月には「合気道新聞」を創刊し、盛平の道話、道文、道歌などを掲載し、合気道の哲学と精神を広げるとともに盛平の行跡の神聖化を推進しました。翌（1960）年には、財団法人合気会主催の第1回合気道演武大会が開催され、「神秘の武術」として一部の人間にのみ紹介されていた合気道が一般に広く知られるようになりました。この演武大会は、毎年開

催されており、参加者の増加により昭和52（1977）年からは日本武道館で開催されています。

また、昭和37（1961）年6月には合気道の外郭団体として、関東学生合気道連盟が結成され、その後、各地域の学生合気道連盟が相次いで発足しました。また、同年12月には防衛庁合気道連合会も発足し、自衛隊への全国普及も並行していきました。

このような努力の結果、昭和43（1968）年には、鉄筋コンクリート作りの合気道本部道場を新築し、合気道学校も併設しました。この学校は東京都から各種学校として認可され、今日まで開講しています。合気道学校では、初級・中級・上級課程の3つの課程が設けられており、毎年前期（4月）と後期（10月）の二期開講されています。これにより公的にも合気道の教育的価値が認められるようになりました。このように吉祥丸により着実に組織化されていた昭和44（1969）年4月26日、合気道の開祖・盛平が86歳を以て没しました。

そして、同年6月に吉祥丸道場長が合気道2代目道主を継ぎました。2代目道主になった吉祥丸は、合気道の国際化を積極的に展開していきます。その一環として、昭和50（1975）年11月、スペインのマドリードで国際合気道連盟準備会が発足しました。この準備会では、求道を第一義とする日本的哲理の特殊性こそ合気道の本質であり、合気道の道統は植芝盛平によるものと確認されました。また、道主が永世会長であることも定められ、植芝家は宗家の絶対的権威を認められました。

こうして翌（1976）年には、国際合気道連盟（IAF）が設立され、東京で開催された第1回総会には米国など29ヵ国、約400名が参加しました。この国際連盟の発足以降は、世界各地への指導者派遣が活性化していきました。その結果、昭和59（1984）年、IAFは国際競技団体連盟（GAISF）に正会員として加盟しました。そして、平成9（1997）年には、国内の合気道の公認支部は約700ヵ所を数え、会社や官公庁などのクラブも400ヵ所、全国学生合気道連盟には114校が加盟しました。

（4）合気道の現在

　現在（2014）、約130ヵ国に組織・団体があり、合気道人口は、国内では約120万人、海外では約150万人いるといわれています。合気道は名実相伴う国際的な武道団体になりました。また、国内の支部数率や海外の普及率も増加しています。日本では、子どもや女性の入門者が目立って増加しています。子どもに関しては、しつけ、礼儀作法、精神力強化という親の要望が強く、女性には全身的美しさ、護身という目的が多いといわれています。また、平成24（2012）年4月から中学校の武道必修化に伴い、いくつかの地域で保健体育の授業に導入されています。

　このように、合気道は、昭和17（1942）年はじめて「合気道」と命名された現代武道の一つですが、短期間で成長を成し遂げました。その背景には2代目の道主・吉祥丸の緻密な計画と推進力がありました。盛平の三男として生まれ、一生を家業のためにつくした吉祥丸は、平成11（1999）年1月4日、盛平に恥ずかしくない偉業を果たして生涯を終えました。吉祥丸の死後は、吉祥丸の次男・植芝守央が3代目の道主として家業を受け継いでいます。

3. 合気道の技術原理と技術体系

　合気道の源流は、近世以降の柔術にあります。そもそも柔術には戦場において組討技として投技だけではなく、突く・蹴るなどの当身技や関節技、更には小刀などの武器を使用する技もありました。一方、植芝盛平は、植芝盛平が柔術の技を形として残し、相手との間合いから当身技で崩し、相手の手首を取って投げる総合武術を作り上げました。つまり、柔道で修行され難い、当身技や関節技を取り入れました。

　合気道では、片足を半歩踏み出した構えがあります。左足を半歩ほど前に踏み出せば「左構え」となり、右足を前に出せば「右構え」となります。これは、相手が正面から突いてきた棒を外しやすいし、前後左右にすばやく動きやすいため、二の手、三の手の攻撃にもすばやく対応できるような自然体であり、合気道の大きな特徴といえます。

また、相手が攻撃してくる線を外して、相手の死角に入り即座に相手を倒す「入り身」と入り身で入ったあとに相手の攻撃力と方向性を利用する「さばき」という技術があります。「さばき」は、円運動で、「手さばき」「足さばき」「体さばき」などがありますが、いずれも臍の下4〜5cmの臍下丹田に気を集中させ、心・気・体を一致させて軽妙自在な技を発揮することが大切です。決して腕力を使うのではないので、女性やこどもでも十分に行えるものです。

　修練者は、形の稽古において相手を如何なる方向に崩すか、また自分はどう体をさばくかを常に考えながら繰り返し行うことが必要です。そして、自分にあった技を自由自在に扱えるようにすることが、技の修行の目的です。合気道の主な力の方向は、水平方向ではなく、下から上の方向に主な運動線があり、相手の力を無理なく和合する気の誘導法にあるといえます。つまり、合気道の技術の根本原理は、相手と競争しないことを原理としており、相手と直接ぶつからず、相手の力を受けて、そのまま流・円・和の原理に立脚した動きです。

　また、合気道の技術を分類すると、攻防の技術に分けられます。さらに、細分すると、「関節技」「当身技」「武器」に分けられます。さらに関節技には、「投技・抑技」「絞技」「挫技」などがあり、当身技には、「突く」「打つ」「蹴る」技があります。また、武器には、「短刀」「刀」「槍」「棒」などがあります。これらの技術は、形態的にみれば殺傷の技術にみえますが、修練方法をみればそうではありません。たとえば、関節技は、その性質から修練者の関節部位に傷害を与える技術にみえます。しかし、実際の練習方法をみれば、傷害を与えず、むしろ関節の柔軟性を発達させます。また、関節技は見た目上、一つの遊戯にみえますが、実際には諸武術より強い傷害を与えることができます。

　また、当身技においても「打く」「突く」「蹴る」部位を鍛錬させることより合気的力の集合と送力いう原理が重要視されます。当身技は見た目上、柔軟にみえ、威力がないと思われがちですが、力の集合が適用されるため、力学的にみても威力にすぐれています。また、「打く」「突く」「蹴る」部位が人体の急所を利用するため昏倒と殺傷が容易にできます。つまり、命を左右する技であるため、昏倒と殺傷を厳格に区別するとともに、「打く」「突く」「蹴る」部位を厳選する必要があります。合気道において関節技と当身技は、人体の生理的

弱点と力学的弱点を兼ねた技術です。

(1) 合気道の技術原理

　合気道の基本的な技術原理は、「円の原理」「流の原理」「和の原理」に分けられます。まず「円の原理」とは、相手の力を直角に受けず、受ける力を円く誘導することを極意とする原理です。次に「流の原理」は、攻撃するところに自分の力を集中し、送力することを極意とする原理です。次に「和の原理」とは、相手の心身に合して相手の敗北を誘導し、自分を勝利へと導くことを極意とする原理です。このように、合気道の転換原理は直線的技術とともに柔らかい曲線的技術を追求し、動きの変化や転換だけで相手を制御するものです。逆流原理は、相手の力を正面から受けず流すことで、柔らかさで相手の力を最小限にし、逆に自分の力を最大限にする原理です。

　また、深和原理は、相手と自分の互いに違う円運動を自分の円運動の中に引き入れて相手を制御するものです。つまり、相手の動きの流れを把握し、自分の動きの流れを相手に合わせ、自分の技法へと相手を合わせることです。このように、3大原理、すなわち「相手と和する」「円のように円く」「流れる水」のような原理を大事にするため、転換の原理（転換法）、逆流の原理（逆流法）、深和の原理（深和法）ともいいます。その特徴をまとめると以下のとおりです。

① 転換法：円の原理
　直線的技術とともに柔らかい曲線的技術を追求すること、すなわち円の原理を基盤とした「円のように円くする」原理です。

② 逆流法：逆流の原理
　相手の集中した力を流れる水のように柔らかく制御すること、すなわち柔らかいと思われる弱い力が強い力を圧倒するという内在的意味を持つ原理です。

③ 深和法：深和の原理
　「相手と和する」という意味で相手の集中した力に逆らわず和して逆利用する意味を持つ原理です。

植芝吉祥丸は、「合気道は合気柔術（1920）、合気武術（1922）、合気武道（1931）、合気道（1942）として発展してきた植芝盛平の独創的な武術である」と主張しています。しかし、武田惣角の子で2代宗家を受け継いだ武田時宗は、「合気道のほとんどの技術は用語を変更しただけで大東流合気柔術と変わらない」と指摘しています。また、時宗死後、宗家代理であった近藤勝之は、技術の同質性はもちろん、礼や愛と調和を強調する側面も変わらないと指摘しています。

4. 合気道の教育的価値

　合気道は、入身と転換の体捌きと呼吸力を利用して自分を守る護身武道としての価値をもっていますが、それとともに心身の錬成を通して全人教育、すなわち身体的・精神的・社会的に正しい人間を育成する体育およびスポーツ教育としても豊富な内容を持っています。

（1）身体的価値

　合気道は、一教（相手の腕を取り、肘関節を可動限界まで伸展させ、相手を腹這いにさせ抑える技）、呼吸法、固め技術、小手返し、四方投げ、入身投げ、腰投げ、隅落し、回転なげ、体の転換などの基本的な技術が総合的な側面を持っているため、筋肉活動を通して身体の均衡的発達、身体の技能向上および体力の各構成要素を向上させます。また、合気道は修練過程が難しく、厳しいところがあり、これを克服することによって、身体的克服の快楽を味わうことができます。

　また、合気道は、全身を動かす身体活動を通して平衡性、筋力、持久力、敏捷性、瞬発力、安定性、求心力などの身体的技能を培養し、身体の組織力とこれに伴うバランスの取れた身体発達を促進します。さらに神経系筋肉および循環系の技能を促進し、成長と発達を促進します。また、四方投げ、入身投げ、回転なげなどの技術修練を通して敏捷性、瞬発力、平衡性、持久力などが鍛えられます。また、固め技術の練習を通して、柔軟性と持久力、そして精神的な

次元での克己力や闘志力などが鍛えられます。また、不意の攻撃に対する正当な防御などの対処能力の育成によって安全面の護身能力も向上させます。

このように、合気道は相手と体をぶつけ合いながら器量を練磨する対人的武道であるため、練習量が多いほど、高度の体力と意志力が鍛えられます。また、技術をかけるとき、機会を察し、素早く技術をかける機敏な動作や、相手にかけられてしまう危険を恐れず積極的にかかっていく姿勢など、正しい人間としての徳性を涵養し人間形成する教育的効果をもっています。

（2） 社会的価値

合気道の修練の目的は、攻防を通して心身を鍛錬することによって体と心を合理的に使えることができる姿勢を体得するところにあります。合気道の修練は、技術の練磨や体力の鍛錬に止まらず、修練者の人格形成や徳性涵養にも力を入れているため、修練には厳格な規範や制約があります。人間は社会的存在であり、社会秩序や規範の中で生きています。合気道の修練も道場では正しい身なり、先輩・後輩に対する礼儀を守る修練文化を通して社会に適応するための手段や礼儀、寛容、克己などの態度を身につけます。また、修練過程をはじめ、心身の修養、忍耐力、人間の根本的な欲求から自分を制御する強い精神力などを養うため、合気道の修練は社会性の学習にも役に立ちます。そのため、相手を投げる喜びを味わう以前、自分が投げられることから習います。このような合気道の修練を通して、強靭な体力とともに不屈の闘志と勇気、そして進取性と独自性を身につけます。

また、攻防の練習は相手と自分の関係を認識する良い機会になります。また、固め技術、小手返し、四方投げなどの技をかけられ、倒れる辛さを我慢し耐えていく自発的な学習が求められるため、勇気、積極性、自己コントロール、他人の人格尊重、協力などの社会性が育成されます。また、修練中、相手との接触を通して親密性、平和と社会性を鼓吹させる社会性涵養という教育的価値をもっています。

特に合気道は、修練を通して精神力の陶冶を重視する武道であるため、究極的には民主市民としての資質を養い、人格形成、あるいは自分の教育に重点を

おく社会教育的効果をもっています。実際、合気道を修練する現場は、指導者と修練者、先輩と後輩との共同体意識の中で汗を流しており、指導者の示範を真似て修練する行為は、体で習うと同時に体と心を練磨する実践的行為であるといえます。常に冷静に判断し、自己本位にならないように相手に対する配慮や、互いに協力し自己を主張しながらも相手の立場から理解する姿勢を体得する道場でのすべての行為は、模範的な社会生活の行為を実践する場としての性格をもっています。

(3) 精神的価値

　合気道の修練は健全な身体活動を通して弱気よりは強気、怠惰よりは真面目さを追求し、不安・焦り・緊張などを自分の意志で調節克服し、精神力を強化させます。植芝盛平は、合気道の理念を相生と大同和合および調和の精神を理想的な修練目標とし、合気道を通した絶え間ない修練と克服過程で体得される自我の完成を追及しました。

　また、盛平は非試合主義という原則を立て、武道の理想的な本質に戻るという意味で「武産合気道」という名称を用いました。武産とは、相生の道と和合の道、つまり、互いにぶつからない状態を意味します。このようなことより、盛平は「自己完成を追及する求道」を修練の目的としました。盛平は、求道について、神人一如を通して宇宙の秩序と調和する静的な一体感と、宇宙の変化に対応する動的な一体感を自分に体現することであるといっています。

　盛平の合気道を現代化し、科学的かつ哲学的に整えたのは、2代道主・植芝吉祥丸です。吉祥丸は、合気道の精神について、「和合の道であり、万有帰一という精神的修養を根底とする身体的表現の至妙の総体である」といっています。つまり、宇宙の森羅万象を創造した造物主の理想世界、争いのない静の境地に至ることを追求し、精神性の修練を最高の理想と捉えました。そして、愛と和合によって帰一する理想的な天国浄土の世界を成し遂げることが合気道の使命であり、命であるといっています。このような合気道の精神が根底にあるため、合気道では相手と直接にぶつかることを否定し、相手の力をそのまま受け入れ、逆流・円・深和の原理に立脚した動きを具現しようとしています。

このような合気道の精神が根本原理になっているため、修練過程は、まず技術の示範をみて、それを真似るところからスタートします。そして、動作の正確性を修得する過程で忍耐力、克己力、集中力などが身につき、また、合気道の理念である万有愛好を理解することになり、やがて真の勝利は、相手を敗北させることではなく、敵の心に愛という変化をもたらすことであることに気づくとしています。このように、合気道は、人類愛と平和を体得する修身教育としての価値をもっています。また、武道が勝利至上主義に転落しやすい現実と西洋中心のスポーツ教育の限界を克服する手段としても合気道は教育的価値のある日本生まれの東洋的身体運動であるといえます。

　クーベルタンが提唱した「スポーツを通して心身を向上させ、さらには文化・国籍などさまざまな差異を超え、友情、連帯感、フェアプレーの精神をもって理解し合うことで、平和でよりよい世界の実現に貢献する」というスポーツのあるべき姿は、合気道が追及・実践しようとする目標でもあります。合気道の指導は、修練を通して、人類愛と平和愛好の理念を身につけることを目標としているからです。このような合気道の精神は、人格教育という教育的効果を生み出すことにつながると思います。

主な参考文献
二木謙一・入江康平・加藤寛、『日本史小百科　武道』、東京堂出版、1994年、pp.194-195.
笹間良彦、『図説日本武道辞典』、柏書房、1982年、pp.1-2.
曽川和翁、『大東流合気二刀剣』、愛隆堂、1997年、pp.117-154.
田中守、藤堂良明・東憲一・村田直樹、『武道を知る』、不昧堂出版、2007年、pp.89-93.
富木謙治、『武道論』、大修館書店、1998年、pp.204-208.
鶴山晃瑞、『図解コーチ合気道』、成美堂出版、1985年、pp.10-50.
植芝吉祥丸・植芝守央、『規範合氣道　基本編』、財団法人合気会・出版芸術社、1997年、
　　pp.170-175.
植芝吉祥丸、図解コーチ合気道、成美堂出版、1998年、pp.10-35.
植芝吉祥丸、『合氣道開祖　植芝盛平伝』、講談社、1977年、pp.93-98.
植芝吉祥丸、『合氣道開祖　植芝盛平伝』、出版芸術社、1999年、pp.93-99.
綿谷雪・山田忠史、『武芸流派大事典』、新人物往来社、1969年.
吉丸慶雪、『合気道の科学』、ベースボール・マガジン社、1998年、pp.8-16、pp.90-113.

아이키도(合氣道)는 대치·투쟁(鬪爭)하는 마음을 뛰어넘어, 실천적 동양철학의 도(道)로 기(氣)의 연마(練磨)를 통해 심신의 조화적 발달에 매진하는 현대무도이다.

제3부

타쿠안 선사(沢庵禅師)의 선(禅)사상을 접목한 아이키도(合氣道) 철학(哲学)의 형성

【유럽에서는 아이키도(合氣道)를 '**동적인 선(禪)**'이라고 부른다. 이것은 아이키도(合氣道)가 격렬한 움직임을 호흡으로 가다듬고, 몸을 움직이며 일종의 명상(Trance·트랜스)상태에 들어가는 것을 중요한 훈련방법으로 두고 있기 때문이다. 이런 의미에서 아이키도(合氣道)의 수련이란 신체적인 트레이닝이라기보다는 어떤 점에서 종교적인 수행에 가깝다고 해야 할 지도 모른다.】

1편 : 선(禪)과 일본 아이키도(合氣道)의 철학(哲學)

1. 중국 무술의 특징과 일본 아이키도(合氣道) 철학의 비교

아이키도의 창시자 우에시바 모리헤이(植芝盛平)는 수행시절에 일본의 전통적인 유술(柔術), 검술(劍術), 창술(槍術) 등 일본 대대로 전해 내려오는 모든 무술의 정수(精髓·핵심)를 깊이 연구하고, 고심에 고심을 거듭한 끝에 아이키도(合氣道)를 만들었다.

아이키도(合氣道)에는 일본 무도(武道)의 모든 정수(精髓)가 담겨있지만, 그것은 어디까지나「아이키(合氣)」즉 기(氣)를 맞추는 것이 본의(本義)이기 때문에, 상대와 경합하여 이기는 것만이 주된 목적이 아니다. 상대와 기(氣)를 맞추는 것도 아이키(合氣)이다. 그러나 아이키도(合氣道)에서 말하는 아이키(合氣)에는 더 심오한 철학이 담겨 있다.

기(氣)란 동양철학에서는 만물의 근원이고 우주의 생명력이다. 이 우주의 생명력인 기(氣)와 보잘 것 없는 자신의 기(氣)를 맞추는 것이「아이키(合氣)」이다. 자기와 우주의 생명이 하나가 되고, 여기에 그「아이키(合氣)」의 기법(技法)이 활용되어야 한다.

모든 무도 기법(技法)에 기(氣)가 서로 상통하면, 그 하나하나의 기법(技法)은 우주의 생기(生氣)와 하나가 된다.

우주 생기(生氣)와 맞추는 것을 주된 목적으로 하는 아이키도(合氣道)는 단순한 기술을 서로 경합할 뿐만 아니라 정신면을 특히 중시해야 한다. 그러기 위해서는 아이키도(合氣道)에 반드시 철학이 있어야 한다.

일본 고류 유술(柔術)인 다이토류(大東流)에서 근대 무도로 재탄생한 아이키도(合氣道)의 독자적인 철학을 알기 위해, 먼저 중국의 전통적인 무술이 가진 의미를 살펴보자.

중국 무술에도 그 종류가 다양하다. 도(刀)·검(劍)·창(槍)·곤봉(棍棒)·수리검(手裏劍) 등을 이용하지 않고, 맨손으로 행하는 도수무술(徒手武術)에는 소림권(小林拳)·태극권(太極拳)·당랑권(螳螂拳) 등 권법과 솔각((摔角)·금나(擒拿) 등 많은 종류가 있다.

중국의 무술은 이미 춘추시대(春秋時代·B.C 770년~B.C 403년)에는 상당히 왕성하게 행해졌으며, 그 긴 역사를 거치면서 큰 특징 3가지「간(看)」,「련(練)」,「용(用)」을 갖추게 된다.

첫째,「간(看)」은 감상(鑑賞)을 의미한다. 무술은 긴 역사를 거치면서 감상적 요소인 큰 기법(技法)도 발전시키고, 때로는 그 연기(演技·演武·型:形)에 예술적인 요소까지 갖춘다. 아이키도(合氣道)도 순백의 연습복을 걸치고, 검은 바지를 입는다. 유려한 곡선을 그리는 기법(技法)에는 아름다움(美)이 있다. 중국 권법(拳法)과 마찬가지로 아이키도(合氣道)에도 당연히「간(看)」이 있다.

둘째,「련(練)」은 체력증강(体力增强)을 의미한다. 무술에는 손·눈·다리 등의 외적 동작과 정신·호흡·기합 등의 내적 작용의 고도한 조화와 통일이 요구된다.
동정기복(動靜起伏), 강유허실(剛柔虛實)의 동작을 능숙하게 조합한 운동으로, 신체 생리기능을 조절하고 체력을 증강시킬 수 있다. 중국 권법(拳法)의 효능(功用)과 마찬가지로, 아이키도(合氣道)도 체력 증강에 큰 도움이 된다.
더구나 아이키도(合氣道)는 태극권(太極拳)과 마찬가지로 연령에 관계없이, 남녀노소 누구나 수련할 수 있으며 양생 태극권 처럼 노인은 노인에게 알맞은 운동을 할 수 있다.

셋째,「용(用)」은 호신(護身)을 의미한다. 총포(火器)가 아직 출현하지 않았던 시대에 무술은 공격의 수단이며 또 호신술(護身術)이기도 했다.

중국 권법에서는 옛날부터「남권북퇴(南拳北腿)」라는 말을 자주 사용하였는데, 이것은 장강(長江·양쯔 강의 중국식 표기) 이남(以南)의 지방에서는 상지(上肢) 동작이 탁월하고, 장강 이북(以北) 지방에서는 하지(下肢) 기능이 뛰어나다는 것을 의미한다.

아이키도(合氣道)는 위에서 설명한 중국 권법의「남권북퇴(南拳北腿)」의 특징보다 더

종합적이고 복합적인 기술체계로 상지(上肢)와 하지(下肢)의 기능을 능숙하게 다룸으로써, 방어와 공격의 두 가지 요소를 갖추어, 종합무술로서 완벽하기를 기대한다. 물론 아이키도(合氣道)도 당연히 대인방어 능력과 효과적인 호신술의 역할을 담당하고 있다.

이상으로 중국 무술의 3가지 특징「간(看)」,「련(練)」,「용(用)」에 대해 살펴보았다. 이 중국 무술의 3가지 특징이 그대로 아이키도(合氣道)도 갖고 있다는 것을 분명히 하였지만, 중국 무술의 정신면이라고 할 수 있는 무술의 철학은 어디서 찾을 수 있을까.

잘 알고 있듯이, 중국 무술의 하나인 소림사 권법은 하남성(河南省) 숭산(嵩山) 소림사(小林寺)에서 처음 시작된 무술이다. 그 발생은 선종(禪宗)의 개종조(開宗祖・開祖) 달마(達磨)에서 찾을 수 있다.

역사적인 사실로는 송나라시대 이후 특히 명나라시대에 소림사(小林寺)를 중심으로 한 하나의 무술 체계가 만들어졌다고 볼 수 있다. 이 중국 무술 철학은 중국 전통의 노장(老莊) 사상과 선(禪) 사상이 결합되어 완성되었을 것이다.

중국 무술 철학이 도교(道敎)와 불교(佛敎)에서 찾은 것에 비해, 일본 아이키도(合氣道) 철학은 일본인의 철학 속에서 찾을 필요가 있을 것이다.

특히 아이키도(合氣道)는 일본 무술의 정수(精粹・세밀하고 아무것도 섞이지 않은 아름다움)를 모아서 만든 것이기 때문에, 일본의 독자적인 철학으로 아이키도(合氣道)의 정신면을 뒷받침할 필요가 있다.

그래서 필자는 타쿠안(澤庵) 선사의 사상 속에서 아이키도(合氣道)의 철학을 찾아보려고 한다.

타쿠안 소우호우(澤庵宗彭)는 야규신카게류(柳生新陰流)에 정신적인 기반을 확립하는 데 도움이 된「부동지신묘록(不動智神妙錄)」과「태아기(太阿記)」의 저자이다.

이 책 속의 사상은 검법(劍法)뿐만 아니라 아이키도(合氣道) 철학의 중핵을 형성할 수 있을 것으로 생각한다.

2. 근대 무도 일본 아이키도(合氣道) 철학의 형성

아이키도(合氣道)는 에도(江戶)말기의 다이토류 아이키쥬쥬츠(大東流合氣柔術)에 원류(源流·기원)를 둔 무도(武道)이다. 우에시바 모리헤이(植芝盛平)가 종교적 수행과 고심에 고심을 거듭한(苦心練行) 무도 수련 후에 근대 무도(武道)로 창시한 것이다.

우에시바 모리헤이는 조단석련(朝鍛夕鍊)의 무도수행을 하면서, 큰 대자연의 생명, 우주의 대생명을 깨달은 적이 있다고 한다. 필자는 이 원체험(原体驗)을 선(禪)의 견성(見性), 선(禪)의 깨달음과 같다고 생각한다.

여기에는 보잘 것 없는 인간 우에시바 모리헤이는 없고, 있는 것은 그저 큰 우주의 생명뿐이다. 그 생명 속에 우에시바 모리헤이의 모든 신심(身心)은 감싸져 있다. 이리하여 우에시바 모리헤이는 자기를 버리고 큰 우주의 생명을 깨닫고, 우주와 하나가 되는 아이키(合氣)를 깨친 것이다.

아이키도(合氣道)의 창시자가 선(禪)의 견성(見性) 체험과 완전히 같은 체험을 하였다는 점에서 생각해 보면, 아이키도(合氣道)의 철학을 구축하는 데는 선(禪)의 사상 특히 일본 선(禪) 사상의 대표적인 승려인 타쿠안(澤庵)의 「부동지신묘록(不動智神妙錄)」과 「태아기(太阿記)」의 사상 및 야규신카게류(柳生新陰流)의 병법가전서(兵法家伝書)가 가장 적합하다고 할 수 있다.

필자는, 중국 권법의 철학이 「간(看)」, 「련(練)」, 「용(用)」인 것에 대해, 아이키도(合氣道)의 철학은 「원(圓)」, 「무(無)」, 「화(和)」, 「기(氣)」라고 생각한다.

첫째, 「원(圓)」은 어디까지나 한 곳에 머무르지 않고, 자유자재로 원활하게 움직이는 기(氣)와 신체의 흐름에 기초를 확고히 하여 아이키도(合氣道)의 근본 사상을 형성한다. 아이키도(合氣道)의 기법(技法)에서는 운보(運步)와 허리 비틂(회전·전환)도 모두 원(圓)운동이어야 한다. 기본 기법(技法)도 이 원(圓)운동을 체득하기 위해 행하는 것이다.

둘째, 「무(無)」의 철학을 살펴보자. 야규류(柳生流) 검법(劍法·拳法)의 최고 극의(極

意)는 무토류(無刀流)이다. 무토류(無刀流)는 도(刀)가 없어도, 주위에 있는 부채라도 좋고, 연필이라도 좋고, 주위에 있는 것이라면 어떤 것이든 그것을 이용해 적을 제압하는 무술이다. 게다가 아무 것도 없어도 적과 싸울 수 있는 무술이다. 이 무도술(無刀術)은 필사의 각오로 전력을 다할(捨身) 때만 유지할 수 있다.

아이키도(合氣道)는 자신이 먼저 적을 공격하는 일은 없다. 적의 공격을 피하면서 자신을 비우고, 자신을 희생함으로써 큰 도(道)를 발견한다. 자신을 희생하는 것, 즉 필사의 각오로 전력을 다하는 것(捨身)란 선(禪)에서도 또 설명하는 부분이다.

「대사일번(大死一番·한 번, 죽은 셈치고 힘껏 노력함)」이라는 선어(禪言)가 있다. 한 번 죽었다 다시 태어난다. 이 경우 죽는다는 것은 지금까지 망상(妄想·妄念)을 가진 자신이 죽는 것이며, 망상(妄想)으로 살아 온 자신을 죽이는 것을 의미한다. 자기를 죽이는 것은 자기를 버리는 것이다. 여기에 아이키도(合氣道) 무(無)의 철학이 있다.

셋째, 「화(和)」는 아이키(合氣)의 의미를 가장 잘 표현한 말이다. 아이키도(合氣道)는 원칙적으로 승패를 다투지 않는다. 어디까지나 상대의 기(氣)와 자신의 기(氣)를 맞추는 것을 원칙으로 한다. 그것은 자타불이(自他不二·나와 남이 둘이 아니다)로 통한다.

자신의 기(氣)와 상대의 기(氣)를 맞출 뿐만 아니라 우주의 생명, 자연의 대생명과도 기(氣)를 하나로 합한다. 승패를 따지지 않는 아이키도(合氣道)는 상대를 죽이는 일은 없다. 오히려 상대를 살리는 데 그 주안점을 두고 있다. 그러한 점에서 아이키도(合氣道)는 화(和)의 철학을 가졌다고 할 수 있다.

도장에서 연습을 할 때도 남녀노소 누구나 화(和)의 정신으로 연습(稽古·학습·레슨)을 지속해 나간다. 선배, 유단자는 후배인 초심자를 결코 괴롭히거나, 구 일본 군대와 같은 심한 기합을 주거나 하지 않고, 친절한 마음과 절도를 가지고 상대를 지도하도록 한다.

힘의 기법(技法)을 이용해 서로의 기법(技法)을 다투는 것은 아이키도(合氣道) 정신에 반한다. 어디까지나 화(和)의 정신을 살리는 것이 아이키도(合氣道) 정신(철학)이다.

넷째, 「기(氣)」의 철학은 「호흡력(呼吸力)」의 철학이다. 아이키도(合氣道)에서는 「호흡력(呼吸力)」을 빈번하게 사용한다. 「호흡력(呼吸力)」이라면 복식호흡이나 심호흡이라는 호흡 방법을 생각하겠지만, 아이키도(合氣道)에서 말하는 「호흡력(呼吸力)」은 단순한 호흡 방법, 「호흡력(呼吸力)」을 말하는 것이 아니다.

이를테면 아이키도(合氣道)의 기본기(基本技) 중에 앉은 채로 두 사람이 마주보고 「호흡력(呼吸力)」을 양성하는 기법(技法)이 있다. 연습 마지막에 좌기(座技)로서 매회 실시하지만, 이것은 어디까지나 「호흡력」을 양성하기 위한 것이다.

「호흡력(呼吸力)」은 제하단전(臍下丹田·배꼽아래 단전)에서 발하는 의식과 호흡을 통일한 하나의 힘이다. 그것은 완력과 손끝의 힘이 아니다. 제하단전(臍下丹田)에서 발하는 「호흡력(呼吸力)」은 상대를 완전히 자기 「호흡력(呼吸力)」 안으로 끌어들일 수 있다. 이 「호흡력」이라는 용어는 아이키도(合氣道)의 모든 유파가 만든 해설서에는 반드시 나오는 말이지만, 말로서 완벽하게 설명해 놓은 책은 찾을 수가 없다.

「호흡력」이란 무엇인가. 필자는 의식과 호흡과 육체의 움직임을 근원적으로 통일한 힘을 「호흡력(呼吸力)」이라고 생각한다. 선어(禪言)에 「심신불이(心身不二·몸과 마음은 둘이 아니라 하나이다)」이라는 말이 있다.

정신이란 '정신적 신체'이며, 육체란 '신체적 정신'이라고 해도 좋다. 양자를 둘로 나누고 구별해 생각하는 것은 사고의 추상성에 기인한다.

선(禪)에서는 먼저 제1의(第一義)는 행위(行爲), 행동(行動)이다. 행위란 의지(意志)의 통일력(統一力) 발현이 틀림없다.

이러한 아이키도(合氣道)의 호흡력은 절대로 머리로는 이해할 수 없는 것이다. 그것은 오랫동안 「조단석련(朝鍛夕鍊·아침저녁으로 끊임없이 몸을 단련하고 검술과 무술 연마)」을 적어도 주 3회 이상 연습을 지속해야만 연마할 수 있다. 즉, 주 3회의 연습을 3년 동안 지속적으로 수련한다면 저절로 습관화되어(감각이 버릇이 되어) 체득할 수 있다.

또한 일부 아이키도(合氣道) 지도자들은 재단법인 덴푸카이(天風會)에서 심신통일법(心身統一法)의 철학과 무도 기법으로 나카무라 덴푸(中村 天風·1876~1968)가 고안한 '호흡조련(調練)'이라는 수련법을 도입하여 활용하고 있다. 그 대표적 사례로 우에시바 모리헤이 개조(開祖·아이키도 창시자)로 부터 1940년대 중반에 친히 가르침을 받은 타다 히로시(多田宏·1929~, 재단법인 合氣會 사범, 9단) 선생이 아이키도(合氣道) 수련에 처음 도입했는데, 아이키도 타다 주쿠(合氣道多田塾) 계열 도장의 하나인 '개풍관(凱風館)' 도장을 운영하고 있는 사상가인 우치다 타츠루(內田 樹·1950~) 선생은 아이키도(合氣道) 7단의 무도가인데, 스승인 타다(多田) 선생이 도입한 이 '호흡조련(調練)'을 자신의 개풍관(凱風館) 수련에 접목해 다양한 호흡법(氣の練磨)과 일상생활의 신체감각 양성을 통한 문무양도(文武兩道·학문과 무예의 두 길)를 함께 단련하며 지도하고 있다.

그는 "호흡조련(調練)의 기본 호흡법은 뒷꿈치를 올리면서 숨을 들이 쉬고 뒷꿈치를 내리면서 숨을 뱉는 방법이다. 뒷꿈치를 든 상태에서 가벼운 명상에 들어가는 것은 아주 어렵다. 자신의 근육과 골격을 미묘하게 움직여 균형을 유지하려고 하면 반드시 휘청거린다. 그런데 공중에서 누군가가 내 머리카락을 끌어당긴다고 상상하면 꽤 안정이 된다. 그래도 아직 휘청거린다면 여러 시행착오를 겪고 나서 제가 깨우친 것은 내 몸을 위로 끌어당기는 힘과 밑으로 끌어 내리려는 힘이 내 안에서 갈등하고 있는 이미지입니다."라고 설명하고 있다.

또한 "아이키도(合氣道) 수련에서 '상반되는 두 힘이 내 안에서 맞버티는 상태'라는 것이 저에게는 자세 안정을 실현할 때 가장 효과적인 이미지입니다. 즉, 대립하는 두 힘이 서로 팽팽하게 버티는 덕분에 정지하고 있는 듯하지만 그 안에 역동성이 넘쳐흐르는 이런 상태가 가장 자연스럽고 가장 안정되어 있는 호흡자세입니다."라고 호흡조련을 해석하고 있다.

이처럼 아이키도(合氣道)의 호흡력을 수련하여 조금이라도 자신의 것이 되었다면 그 사람은 그 호흡력을 어떤 일에도, 어떤 동작에서도 무한정 활용할 수 있다. 아이키도(合氣道)의 호흡력은 기(氣)의 철학으로 증명되었다.

기(氣)의 철학이란 동양의 깊은 예지(英知)에서 태어난 것이다. 기(氣)는 할 마음이 있다거나, 없다거나 다양한 말로서 이용되고 있지만, 기(氣)의 사상은 당연히 연습(稽古) 방법에 영향을 끼친다.

기력(氣力)을 활용하여 호흡력을 이해하기 위해서는 어떤 마음가짐이 필요한 걸까. 그러기 위해서는 「기(氣)」에 대해 알아야 할 필요가 있다.

3. 기(氣)의 철학적 의미와 아이키도(合氣道) 철학의 접목

일상적인 일본어에는 「기(氣)」의 용어 및 의미 사용법은 참 다양하다. 예를 들면 「관심이 있다(氣がある)」, 「마음이 내키다(氣が進む)」, 「소심하다(氣が小さい)」, 「심란하다(氣が散る)」, 「심약하다(氣が弱い)」, 「정성을 들이다(氣が弱い)」, 「정성이 담겨있다(氣は心)」 등 많은 용례를 발견할 수 있다. 분명히 이와 같이 다양하게 이용되는 기(氣)라는 용어에는 다양한 의미가 있다.

그렇다면 정색하여 기(氣)란 무엇인가, 하고 물어봐도 분명치 않다. 기(氣)란 호흡이기도 하고, 마음의 움직임과 상태를 의미하기도 하고, 기질(氣質)과 근기(根氣) 등 그 의미가 다양하다.

일본의 무도(武道)와 선(禪)에서는 기(氣)를 어떤 의미로 사용하고 있을까, 무도 전서(伝書)인 야규 무네노리(柳生宗矩)의 『병법가전서(兵法家伝書)』—「살인도(殺人刀)」의 설명을 보면서 생각해 보자.

『살인도(殺人刀)』 상(上)은 기(氣)를 다음과 같이 정의한다.

안으로 갖추고, 골똘히 생각하는 마음을 지(志)라고 한다. 안으로 뜻을 가지고, 밖으로 발하는 것을 기(氣)라고 한다. 이를테면 지(志)는 주인이고 기(氣)는 종이다.

지(志), 안에 있는 기(氣)를 사용한다. 기(氣)가 지나치게 발하면 실패한다. 기(氣)를 지(志)로 제어하여 실수하지 않도록 해야 한다.

「지(志)」란 제하단전에 들어있는 진짜 마음이다. 아이키도(合氣道)로 말하면 「호흡력」이다. 이 제하단전에 들어있는 마음이 밖으로 발할 때, 이것을 「기(氣)」라 한다. 「지(志)」와 「기(氣)」는 원래 같다.

타쿠안(澤庵)의 언어철학으로 표현하면 「태하의 이검(太阿の利劍)」이다. 「본래의 면목(面目)」이며, 「본래의 마음」이다. 힘으로서 작용하는 본심(本心・본래의 마음)이 야규 무네노리가 말하는 「지(志)」이다.

야규 무네노리(柳生宗矩)가 「기(氣)와 지(志)라는 것(氣と志との事)」이라는 한 구절을 마련하고 기술한 것은 기(氣)와 지(志)가 병법에서 매우 중요한 의미를 가진다는 것을 나타내고 있다. 그 요지는 안에 응집한 마음을 지(志)라 하고, 그 안에 있는 지(志)가 밖으로 발하는 것이 기(氣)라 한다. 그것은 마치 지(志)는 주인, 기(氣)는 가신(家臣)의 관계와 같다.

지(志)가 안에 없으면 기(氣)는 발할 수 없다. 내적 지(志)가 외적 기(氣)를 사용하는 것이다. 기(氣)를 무턱대고 지나치게 발하면 병법에서 막히거나, 뒤처지게 된다.

밖으로 발하는 기(氣)를 지(志)가 확실히 제어하고, 안달하는 기(氣)를 억제할 필요가 있다는 것이 인용문의 요지이다.

이 의미를 다시 병법(兵法)에 근거해 구체적으로 살펴보자. 병법(兵法)에서 지(志)는 「하작(下作)」이다. 「하작(下作)」이란 마음을 가라앉히는 곳이다. 허리보다 아래에만 있다고 하듯이, 허리보다 아래에 있는 제하단전(臍下丹田)에 마음을 가라앉히는 것이다. 지(志)는 제하단전에 넘쳐흐르는 기(氣)이다.

제반사(諸事), 모든 것을(万事) 속마음에 담고, 유단대적(油斷大敵・마음을 놓고 있으면 큰 실패를 부른다)이라는 말이 있듯이 유단(油斷・마음을 놓고 있는 것) 없는 마음가짐이 필요하듯이, 모든 일을 제하단전(臍下丹田)에 가라앉히고, 유단(油斷)이 없는 것이 지(志)이다. 이것은 지(志)를 강하게 억제하고, 기(氣)가 허둥대며 밖으로 발하는 것을 방지하는 작용을 한다.

무도가이자 사상가인 우치다 타츠루(內田 樹) 선생은 "아이키도(合氣道)에서 말하는 아이키(合氣)란 '마음의 집중', '마음의 조화' '기(氣)의 감응', '인간의 생명과 우주생명의 일치', '신인명합(神人冥合)' 등을 나타내는 말이다. 아이키도(合氣道)에서 기(氣)는, 산스크리트어의 Prana(쁘라나: 프라나・생명 에너지, 생명력을 의미)와 같은 '절대적 에너지'라고 받아들여지고 있다"고 설명하고 있다.

아이키도(合氣道)의 모든 기법(技法)도, 제하단전(臍下丹田)에서 발하는 기(氣)의 흐름으로 상대를 제압한다. 아이키도(合氣道)에 있어서 상대의 기(氣)가 발하기 전에 자신의 기(氣)를 발하여 상대를 제압하는 것이 중요하다.

야규류(柳生流) 병법(兵法)에서도 「기전(機前)」을 중요시하고 있다. 「기전(機前)」은 적의 기(氣)가 움직이기 바로 전에 적의 기선(機先)을 제압하는 것이다.
「기(機)」란 「가슴에 담아둔, 가지고 싶은 기(氣)이다(胸にひかえたもちたる氣なり)」라고 하듯이, 막 발하려는 기(氣)의 한순간(一瞬)을 포착하여 그것을 기(機)라고 한다.
적의 기(氣)의 움직임을 잘 파악하고, 그 기(氣)가 발하기 직전에, 상대에 맞추어 이쪽의 기(氣)가 반응하는 것이 「기전(機前)」인 것이다.

이를테면 아이키도(合氣道) 「일교(一敎)」의 기법(技法)을 걸 때, 바로 이 「기전(機前)」을 활용하여야 한다. 상대가 들어오는 순간(瞬間), 바로 그 한순간(一瞬) 전을 포착하고 이쪽이 상대 속으로 파고들지 않으면, 기법(技法)은 충분히 발휘되지 않을 것이다. 상대의 기(氣)가 밖으로 드러나는 한순간(一瞬) 전을 포착하는 것이 「기전(機前)」이다. 선(禪)에서는 이 기(機)를 선기(禪機)라고 한다.

이어서 기(機)를 어떻게 포착할 것인가에 대해 살펴보자.
타쿠안(澤庵)은 「부동지신묘록(不動智神妙錄)」속에서 「사이에 틈을 없애고 : 間(あいだ)・髮を容れず(かみをいれず)」를 설명하고 있다.
「사이에 틈을 없애고・間 : 髮を容れず」는 사이에 한 올의 머리카락이 들어갈 틈도 없다는 것으로, 매우 재빠른 비유를 의미하는 용어이지만, 타쿠안은 이것을 병법(兵法) 문제에 비유해 추가적으로 설명하였다.
「간(間)」은 두 사물이 포개진 그 사이로, 머리카락 한 올도 들어갈 틈이 없다는 것이다. 이를테면 양 손바닥을 마주 치면 그 순간 짝(딱)하고 소리가 난다. 마주치는 손바닥과 소리 사이에는 머리카락 한 올도 들어 갈 틈이 없다.

양손바닥이 마주 친 후, 소리가 생각한 다음에 소리가 나는 것이 아니라 마주치는 순간에 소리가 나는 것이다.

이것을 병법(兵法)에 적용해 보자. 상대의 치고 들어오는 타치(太刀)에 사로잡힌다면, 여기에 틈이 생기고, 그 틈으로 이쪽의 기세(氣勢)가 무너진다. 상대의 치고 들어오는 타치(太刀)와 이쪽의 움직임과의 사이에, 머리카락 한 올도 들어가지 않도록 하면, 상대의 타치(太刀)를 나의 타치(太刀)처럼 자유자재로 움직일 수 있다.

아이키도(合氣道)에 있어서도 이것과 완전히 같다. 상대의 손과 발의 움직임에 기(氣)가 빼앗기면 여기에 틈이 생기고, 기세(氣勢)가 무너지면 타이밍을 잃어버리게 된다.

상대가 걸어오는 기법(技法)과 이쪽의 손과 발의 움직임의 사이에 머리카락 한 올도 들어가지 않도록 한다.

그것은 급류(急流)를 타고 흐르는 구슬과 같이 조금이라도 정체되어서는 안 된다. 사이에 틈을 없애고(間, 髮を容れず), 상대의 움직임에 반응하여 이쪽도 손과 발을 움직여야 한다. 이쪽에 발을 움직이면 손을 이쪽으로 움직인다는 의식(意識)이 조금이라도 작용한다면, 간(間), 머리카락 한 올도 넣을 수 없다. 의식(意識)과 의지(意志)가 그 사이에 개재(介在・사이에 끼여 있음)하는 일은 없다.

「사이에 틈을 없애고(間・髮を容れず)」와 같은 의미의 단어로 「셋카노키(石火の機)」가 있다. 돌과 돌이 부딪치면 순간 찰나에 불꽃이 인다. 틈새도 틈도 없는 것을 「셋카노키(石火の機)」라고 한다. 이것은 오해하지 말아야 할 것은 단순히 빠르다는 것은 아니라는 점이다. 마음이 한 순간도 멈추지 않는 것이다.

아이키도(合氣道)로 말하면 한 순간(一瞬間)도 기(氣)가 정체(停滯)하지 않는 것을 말한다. 단순히 빨리 빨리라며 안달하는 것은 아니다.

아이키도(合氣道)에서도 연습(稽古) 때에 기법(技法)을 안달하며 급하게 걸 필요는 전혀 없다. 기(氣)가 정체(停滯)하지 않으면 좋다. 마음의 움직임이 멈추지 않으면 좋다.

빨리 빨리라며 안달하면, 그렇게 생각하는 마음으로 인해 기(氣)가 멈추고, 여기에 틈이 생기기 때문이다.

셋카노키(石火の機)는「타로우(太郎)」라고 부르면「예(ハイッ)」하고 대답하는 작용을 말한다. 그 사이에는 간(間), 머리카락을 넣을 틈새도 틈도 있을 수 없다.

타로우가 타로우하고 부르면, 이것은 자신을 부르는 것으로 생각하고, 그렇다 틀림없다고 판단한 후「예(ハイッ)」하고 대답하는 것일까.「타로우(太郎)」라고 부르면「예(ハイッ)」하고 대답하는 것이 셋카노키(石火の機)이다.

이「셋카노키(石火の機)」는「셋카노키(石火の氣)」라고 해도 좋다. 기(氣)의 흐름은 한 순간(一瞬間)도 멈추어서는 안 된다.

기(機)를 보는 것이 얼마나 중요한지를『병법가전서(兵法家傳書)』—「활인검(活人劍)」하(下) 속에 다음과 같이 설명하고 있다.

일도(一刀)란 도(刀)가 아니다. 적의 기(機)를 보는 것이 일도(一刀)이다. 중요한 일도(一刀)란 적의 작용을 보는 것, 무상극의(無上極意)의 일도(一刀)이다. 적의 기(機)를 보는 것을 일도(一刀)로 심득(心得)하고, 역할에 따라서 내려치는 타치(太刀)를 제2도(第二刀)로 심득한다.

가장 중요한 제1도(第一刀)는 적의 움직임, 적의 기(機)를 보는 것이다. 그 적의 기(機)를 본 후에 치는 타치(太刀)를 제2도(第二刀)라고 한다.

제1도(第一刀)의 극의(極意)는 도(刀)가 아니다. 그것은 적의 기(機)를 보는 것이다. 적의 기(氣)가 발하는 움직임을 보는 것이 병법(兵法)에서 가장 중요하다.

기(機)를 보는 것이 제1도(第一刀)이고, 실제(實際)로 도(刀)로 상대를 베는 것은 제2도(第二刀)에 불과하다.

셋카노키(石火の機)를 잡는 것이 무도(武道)의 극의(極意)라는 것을 알 수 있다.

※ 본 내용은『叢書 禪と日本文化』全十卷【第6卷 禪と武道】, 古田 紹欽, 柳田 聖山(監修), 鎌田 茂雄(編集), 株式會社ぺりかん社(2002年)에서 카마타 시게오(鎌田 茂雄)가 저술한 ≪禪と合氣道の哲學≫ — pp.239~250. 부분을 수정・재편집하였음.

아이키도(合氣道)의 체술 체계는 가타(形) 훈련으로 구성되어 있으며 가타 훈련의 중요한 목적 중 하나는 '자연적인 신체운용'을 의식화, 주제화하는 것이다.

제4부

일본 아이키도(合氣道)의 개조(開祖)
우에시바 모리헤이(植芝盛平)의 어록(語錄)

우에시바 모리헤이(植芝盛平)

우에시바 모리헤이의 삶과 지혜 (1)

내용요약

우에시바 모리헤이는 모든 생명을 가진 영혼은 절대자의 일부분이고 우주적 지성이야말로 모든 창조물을 조화롭게 하는 힘이다. 본질을 깨달으려면 살아있다는 사실을 항상 행복하게 생각하고 하루하루 매일을 소중히 여겨야 한다고 늘 강조하였다.

종교인이 아닌 무술가의 이야기다. 무도를 육체와 대자연과 우주와의 합치로 정신적 수행 단계까지 끌어올렸다. 사람들은 그를 일본 아이키도(合氣道)의 개조(開祖·까이소)로 큰 스승으로 부른다.

【合氣とは、敵と闘い、敵を破る術ではない。世界を和合させ、人類を一家たらしめる道である。合氣道の極意は、己を宇宙の動きと調和させ己を宇宙そのものと一致させることにある。私はこのことを武を通じて悟った。
아이키(合氣)는 적과 싸워 적을 막는 기술이 아니다. 세계를 화합시키고 인류를 하나가 되도록하는 길이다. 아이키도(合氣道)의 비법은 나를 우주의 움직임과 조화시켜 자신을 우주 자체와 일치시키는 데 있다. 나는 이것을 무(武)를 통해서 깨달았다.】

【스스로 자신을 판단하는 것이 무사의 책임이다.】

인생은 한 번씩 태어날 때마다 궁극적인 우주정신과 일치를 준비하는 훈련의 장이다. 과거 행위나 미래의 일에 너무 집착하면 잘못된 삶이다.

이 순간만이 유일하게 살아 있음을 깨우쳐 매 순간에 충실함으로써 과거를 씻어내고 미래를 준비해야 한다. 과거는 돌아오지 않으며 내일은 알 수 없다.

【오직 현재만이 존재한다. 내 평생은 현재 지금에 존재한다.】

【적이란 있을 수 없다. 유일한 적은 바로 자기 자신이다.】

그의 3번의 깨달음이 실제로 무엇을 쓰셨을까? 간단히 답하자면 거의 아무것도 없다. (Pranin, 2012. 6. 6. 아이키도 저널) 그의 이름으로 발간된 저서나 그에 관한 책들은 주로 제자들이 녹취, 편집하여 일본어로 출간된 것이 대부분이다. 워낙 서양인들이 이해하기 쉽지 않은 한자 용어와 개념들 때문에 영문판은 제한적이다. 삶의 여정, 3번의 깨우침과 남긴 명언의 일부를 소개한 22쪽 자료를 재편집하였다.

우에시바 모리헤이의 삶과 지혜 (2)

내용 요약

삶은 성장이다. 성장이 멈추면, 기술적으로나 영적으로 죽은 것이다. 유튜브에 1969년 85세에 간암으로 세상을 뜬 우에시바 모리헤이의 생전 동영상들이 즐비하다.

그의 무도사상은 뜻이 심오하여 함축적인 한자도 많아 영어로 번역하는데 한계가 있지만 전 세계에 널리 영향을 주었다.

일본 아이키도(合氣道)의 개조((開祖)로 큰 스승으로 부른다. 기존의 고류 유술(柔術)이란 무술에서 근대 무도(武道)로 아이키도(合氣道)를 창시하고 그 파급효과가 스포츠화된 유도(柔道)에까지 끼쳤다.

우에시바 모리헤이는 일본의 신토(神道)계의 신흥종교인 오모토(大本)의 데구치 오니사부로(出口王仁三郎) 성사(聖師) 등의 대단한 스승들에게 종교적 감화와 체험, 그리고 여러 무술을 배우고 3번의 깨우침으로 원숙한 정신세계를 여신 분이다.

본 자료는 오사카에 거주하는 국제 커뮤니케이션 컨설턴트로 Presentation Zen, Presentation Zen Design, the Naked Presenter 등 베스트셀러 저자이자 컨설턴트인 Garr Reynolds가 도쿄 TedX 강연에서 한 내용으로 그는 우에시바 대선생의 소나무, 대나무, 매화꽃의 가르침 중 대나무의 9가지 교훈을 12분에 걸쳐 강연할 때 사용했던 슬라이드다. 원제목은 "Lessons from the Bamboo. 63쪽" 자료를 재편집하였다.

※ 제3부 우에시바 모리헤이 어록 부분의 내용은 <삼성경제연구소 SERI.org> 회원으로
　 가입된 필자가 다운로드 가능한 홈페이지 자료실에서 이자희씨가 2018년 3월 5일과
　 3월 6일자에 자료실에 탑재한 PDF 슬라이드 자료인 우에시바 모리헤이의 삶과 지혜(1),
　 우에시바 모리헤이 대나무의 교훈 ─ 삶과 지혜(2) 자료를 수정·재편집하였음.

우에시바 모리헤이(植芝盛平)의 삶과 지혜 (1)

우에시바 모리헤이
(植芝 盛平, 1883~1969)

일본 아이키도 시조(開祖 까이소)로 큰 스승으로 부른다.
유술이란 무술에서 합기도를 창시하고 그 파급효과가 유도에까지 끼쳤다.
무도를 육체와 대자연과 우주와의 합치로 정신적 수행 단계까지 끌어올렸다. 다나베의 지주 집안에 5남매 중 외아들로 허약 체질이었으나 부친이 정적에게 습격 당하는 것을 목격하고 강인함을 갈망했다. 여러 무예를 배웠지만 본격적으로 홋카이도에서 대동류 합기유술의 시조인 타케다 소카쿠(武田惣角)에게 사사 받은 후 1919년 본토에서 신흥종교 오모토에 가입하여 무술사범이 되었고 첫 도장을 열었다. 1924년 오모토 교주 데구치 오니사부로와 몽골 선교를 갔다가 중국군에 체포/송환되었다.
엄청난 영적 경험을 통해 무술 실력이 갑자기 고강해졌다. 1926년 도쿄 합기회 홈부 도장을 세웠다. 제2차 세계 대전으로 이바라키에 새로 도장을 열고 훈련을 계속했다. 1960년대까지 전세계에 합기도 전파에 힘쓰다가 간암으로 사망했다.

기술과 정신의 스승들

1901년 도쿄에서 토자와 토쿠사부로에게 텐진 신요류 유술 사사
1903-1908 사카이에서 나카이 마카츠로 부터 고토하 야규 신간류 수련
1911년 타나베에서 키요시 타카기로부터 유도 수련.

기술적인 측면은 1915-1937년 다이토류(大東流)의 타케다 소카쿠 사사로 중요한 비전을 사사 받으며 가장 커다란 영향을 받았다. 1922년 다이토류 교주 다이리(教授代理) 면허, 또는 사범 면허 발급. 1922년 아야베에서 카시마 신덴 지키신카게류(鹿島神傳直心影流) 검술도 전수했다.

데구치 오니사부로(出口 王仁三郎)의 정신적 영향이 컸다. 종교 지도자로 정신적 성장에 영향을 주고 무술가로 정치가들과 친분을 가지게 되는 중대한 계기가 되었다. 오모토 교파 수련 중 몽골에 이상향의 식민지를 세우려는 잘못된 꿈을 시도하려는 오모토 교 사건에 연루되어 두 스승의 품을 벗어난다.

첫 번째 영적 깨달음

1925년 해군장교가 목검을 들고 공격하는 것을 맨손으로 다치지 않게 제압한 후 걷다가 정신적인 깨달음을 얻었다.

"나는 갑자기 우주가 진동하는 것을 느꼈다. 그리고 황금빛 영이 땅에서 솟아 나왔다. 그 황금빛의 기운은 내 몸을 감쌌고, 그러자 내 몸이 황금빛으로 바뀌었다. 동시에 내 몸은 가벼워지면서 새들의 속삭임을 들을 수 있게 되었다. 그리고 정신이 맑아져 이 우주의 창조자, 신의 마음을 알 수 있게 되었다.

무도의 근원은 신의 사랑이다. 모든 사물을 보호하는 사랑의 영이다. 무도는 무력으로 적을 대하는 감정이 아니다. 또한 무도는 무기를 들고 이 세상을 파괴하는 도구가 아니다. 진정한 무도는 우주의 기를 받아 들이고 이 세상의 평화를 유지하고, 자연 안에서 모든 것을 올바르게 생산하고, 보호하고, 일구어 나가는 것이다."

두 번째 영적 깨달음

1940년 새벽 2시 쯤이었다. 미소기(禊 죄나 부정을 씻기 위해 냇물, 강물로 몸을 씻는 의식)를 하다가 갑자기 이제까지 배운 무술기술들이 하나도 생각이 안 나는 것이었다.

스승님의 기술들이 완전히 새롭게 보였다.
이제 무술은 더 이상 사람들을 집어 던지기 위한 것들이 아니었다.
삶과 지식 그리고 덕을 일구어 나가는데 필요한 수단이었다.

세 번째 영적 깨달음

1942년 제2차 세계대전이 가장 치열할 때에
우에시바는 거대한 평화의 기운을 보았다.
무사의 도(武士의 道)는 잘못 이해되고 있다.

무사의 도는 사람들을 죽이거나 해하는 게 아니다. 남과 다투고 겨루고 짓밟으려는 자들은 큰 잘못을 하고 있는 것이다. 부수고, 다치게 하고, 파괴하는 행위는 인간이 할 수 있는 최악의 짓이다. 진정한 무사의 도는 그런 학살을 막는 것이다. 이것이 바로 사랑의 힘인 평화의 도인 것이다.

그의 유산

1927년, 도쿄로 가서 와카마츠에 첫 번째 도장인 '코부관'을 설립했고 현재 아이키카이 홈부 도조(合気会本部道場)라고 이름이 되어 있다. 1942년 무술과 대지에서 수확을 얻는 농가가 그 근간이 같다는 생각이 들어 1942년에 도쿄를 떠나 이바라키현 이와마(茨城県 岩間町)로 이주 "아이키도" 라는 명칭이 처음으로 쓰였다. 1948년 교육청으로부터 '아이키카이 협회' 공식 인정을 받고 1950년에 들어서 합기도 부흥을 위해 연무대회를 개최했다. 나이 70으로 아이키도가 성숙단계로 동작은 끊어지지 않고 순환이 되어, 이상과 조화의 개념을 완벽하게 시연했다. 1956년 전세계 대사와 장관들을 초빙, 전후 처음 아이키도 시연. Nippon Television Network Corporation이 1960년 "아이키도의 왕좌"란 시연회를 제작 방영했고 업적을 인정받아 시주 훈장, 1964년에는 쿄쿠지츠 훈장을 받았다. 86세의 일기로 소천 사후 명예훈장으로 세이고 군산토우 즈이호쇼(瑞宝章. 국보장 인훈장)를 받는다. 적극적으로 기술 이상의 조화로운 세상을 윤리관과 철학관을 연구했다. 많은 제자를 길러 냈고 일부는 훌륭한 무도가이자 지도자가 되었다.

아이키도의 본질을 깨달으려면
살아있다는 사실을 항상 행복하게 생각하고
하루하루 매일을 소중히 여겨야 한다

진정한 무도는 사랑의 작용이다.
그것은 만물에 생명을 주는 작업이며,
서로 다투거나 죽이는 것이 아니다.
사랑은 모든 것의 수호신이다.
이것 없이는 아무 것도 존재할 수 없다.

아이키도(合氣道 : 愛氣道)는 사랑(博愛)의 실현이다.
아이키(合氣)는 서로 싸우거나
적을 쓰러뜨리는 기술이 아니다.
세상을 화해시키고 인류를 한 가족으로 만든다.

과거에 가졌던 생각에 매어 있지 말라.
상황은 항상 변하는 것이니,
좁은 생각에 매어 있으면
새로운 상황에 적응할 수 없다.

인생은 한 번씩 태어날 때마다
궁극적인 우주정신과의 일치를 준비하는 훈련장이다.

과거의 행위나 미래의 일에 너무 집착하면 잘못된 삶이다.
이 순간만이 유일하게 살아있음을 깨우쳐
매 순간에 충실함으로써 과거를 씻어 내고
미래를 준비해야 한다.
과거는 돌아오지 않으며 내일은 알 수 없다.
오직 현재만이 존재한다. 내 평생은 현재 지금에 존재한다.

엄격, 후덕, 인내 그리고 선견지명이
참된 무사의 자세와 지혜다

적이란 있을 수 없다. 유일한 적은 바로 자기 자신이다. 직관과 인식을 통하여 진실을 찾아야 한다.

잔심(殘心) : 다음 단계의 동작을 대비해서 마음을 뻗어 주위를 의식하는 것이다. 현재이고 동시에 미래이다.

무술가로서 실제로 무엇을 쓰셨을까?
간단히 답하자면 거의 아무것도 없다.
(Pranin, 2012.6.6. 아이키도 저널)

주로 제자들이 녹취, 편집해 일본어 출간 어려운 용어와 개념들에 맞는 한자를
찾는데 어려움을 느껴 영문판은 제한적인 일본어 번역

우에시바 모리헤이(植芝盛平)의 삶과 지혜(2)
— 대나무의 교훈 —

우에시바 모리헤이의 삶과 지혜

"Nature is Always Speaking to us."

우에시바 모리헤이
(植芝 盛平, 1883~1969)
일본 합기도(아이키도)의 시조(開祖)

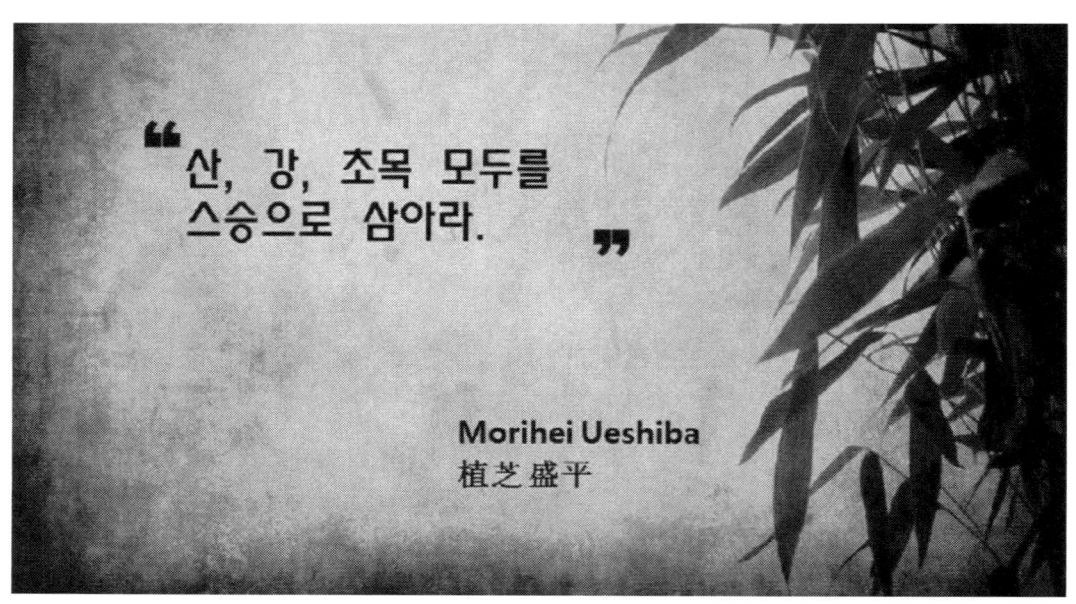

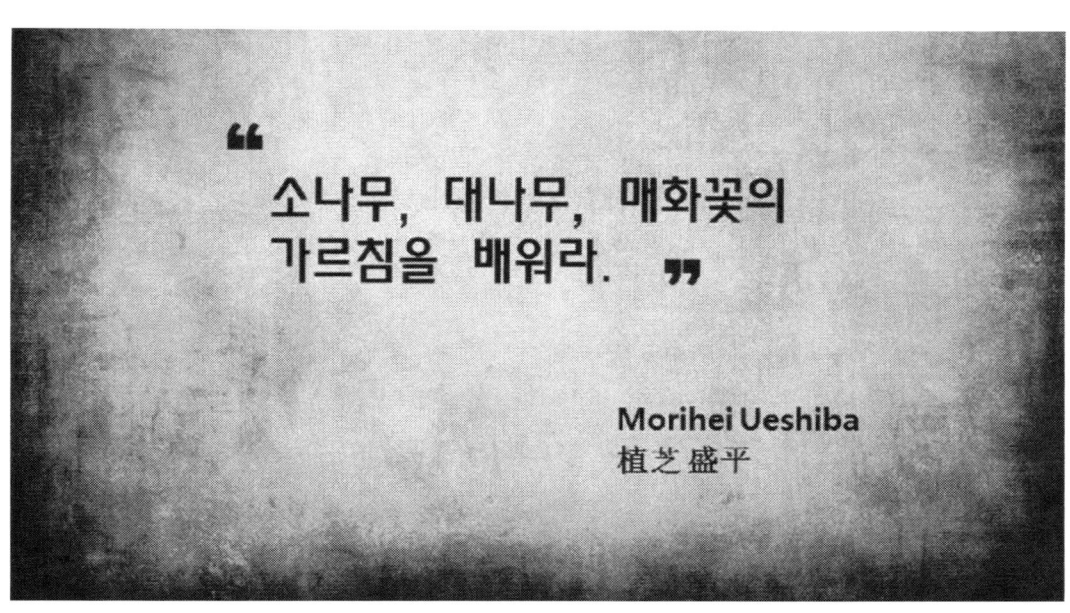

소나무는 사철 푸르며 뿌리가 깊으며 의연하다

자연은 우리의 스승이다

9가지 대나무의 교훈

1. 강해도 유한 모습을 갖추라

2. 휘지만 부러지지 말아라

대나무는 흐름과 함께한다

급류에 얼굴을 비출 수 없다

5. 늘 준비 상태를 갖춰라

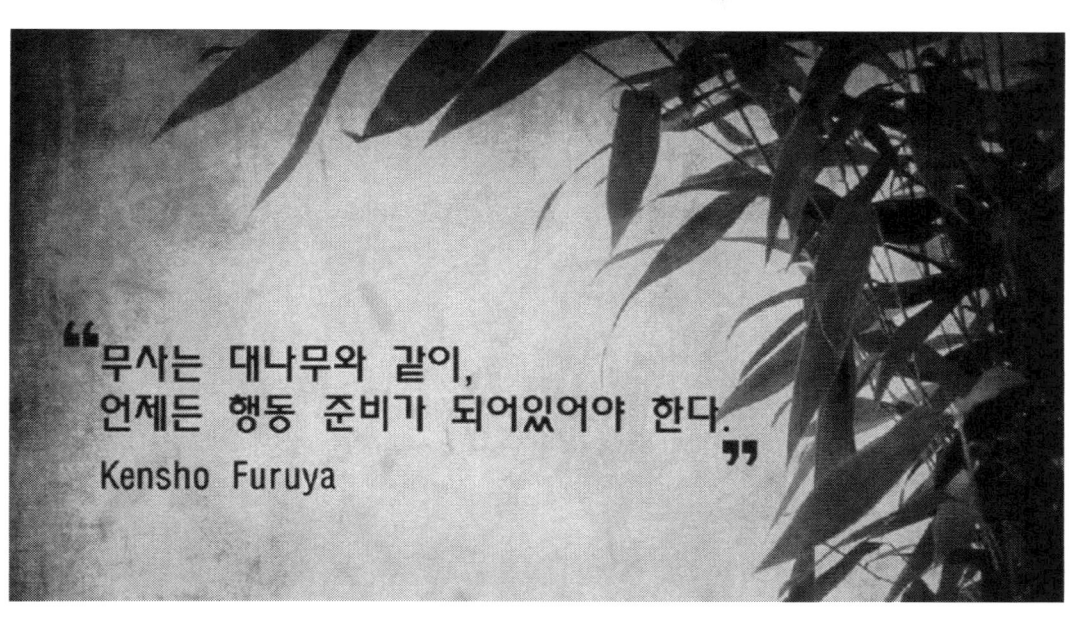

"무사는 대나무와 같이,
언제든 행동 준비가 되어있어야 한다."
Kensho Furuya

6. 비움의 지혜를 찾아라

8. 자신의 가치를 간소하게 표현하라

"대나무는 용도를 간소하게 보여준다.
사람도 이와 같아야 한다."
Kensho Furuya

9. 봄이 되면 힘을 펼쳐라

인고의 시간 때를 기다린다.

아이키도(合氣道)에서 아이키(合気)란 '마음의 집중', '마음의 조화' '기(氣)의 감응',
'인간의 생명과 우주생명의 일치' 등을 나타내는 말이다.
또한 기(氣)는, '절대적 에너지'라고 받아들여지고 있다.

제5부

韓國 合氣道 創始者 德庵 崔龍述 評傳 目次(草案 內容)

■ 덕암(德庵) 최용술(崔龍述) 어록(語錄)

【합기도 정수(精髓)인 합기의 단련과 술기(기술) 습득은 심담연마(心膽練磨·마음과 담력을 기르고 단련함)의 마음가짐과 참된 합기도인으로 평생 도복을 벗지 않는 수련 자세에서 출발한다.】

【합기도 수행의 도장은 건물만이 아니라, 거주하고, 보행하고, 집무하며, 일상생활을 행하는 곳, 몸(신체)이 머무는 곳이 도장이며, 즉, 행주좌와(行住坐臥)-사람의 일상적인 움직임과 생활공간의 모든 곳이 합기도 도장이다.】

덕암(德庵) 최용술(崔龍述)

韓國 合氣道 創始者 德庵 崔龍述 評傳

- 目　次 -

Ⅰ편 : 덕암 최용술의 일본에서의 삶과 무도의 자취

서장 : 최용술의 출생과 시대적 배경
　　 1. 최용술의 가계(家系)와 고향
　　 2. 당시의 세상 형편과 한·중·일 무도(무예·무술)의 흐름

제 1 장 : 무도 입문과 수련(수행)의 시대

제 2 장 : 무도 수련(수행)의 풍랑 속에서 삶과 무도의 자취
　　 - 홋카이도(北海道) 개척단 시절의 최용술과 다케다 소가쿠(武田惣角)와의 일화
　　 - 홋카이도(北海道) 개척단 시절의 최용술의 삶과 무도(武道) 수행의 족적(足跡)

제 3 장 : 스승　다케다 소가쿠(武田惣角)와의 만남
　　 - 大東流 合氣 柔術 개조(開祖) 다케다 소가쿠(武田惣角)와의 만남
　　 ▷ 일본에서의 최용술 무도수련(수행) 행적 논쟁
　　 ▷ 일본에서의 최용술(일본명 : 요시다 아사오·吉田朝男) 무도 계보 논쟁
　　 　: 최용술(吉田朝男)의 요시다 고타로(吉田幸太郎) 제자 논쟁

제 4 장 : 무도(武道)여행 : 일본 무도 유파 및 무림 고수와의 만남

- 일본 아이키도(合氣道) 창시자 우에시바 모리헤이와의 만남
- 최용술과 우에시바 모리헤이와의 서신 교환 구술 증언

Ⅱ편 : 덕암 최용술의 한국에서의 삶과 합기도의 발자취(足跡)

제 5 장 : 한국 합기도의 창시
- 한·일 합기도 기원 논쟁
- 한국 합기도(合氣道) 명칭의 변천 과정과 일본 아류 논쟁
- 해방 이후 한국 합기도 발생지 대구와의 인연

제 6 장 : 한국 합기도 제자들과의 만남

제 8 장 : 인간 최용술의 모습 : 최용술을 만난 사람들의 회상록(回想錄)

제 9 장 : 한국 합기도 창시자의 죽음과 추모
- 임종하는 장면
- 한국 합기도계에 남긴 업적
- 덕암 최용술 행실의 대략
- 덕암 최용술의 무도(武道)의 경지
  : 제자 및 타 무도인들의 증언록 — 회상록(回想錄)

제 10 장 : 덕암 최용술의 제자들과 계보(系譜)
- 해방 이후 한국 합기도계의 최용술 도주 계보 논쟁

제 11 장 : 덕암 최용술의 연보(年譜)

합기도(合氣道) 헌장(가칭·假稱)

(합기도의 목적)

제1조 합기도(合氣道)는 체술과 합기(合氣)의 호흡력에 의한 심신의 단련을 통해서 인격을 닦고, 견문을 높여 바람직한 인간(인물)을 육성함을 목적으로 한다.

(합기도의 연습)

제2조 합기도(合氣道) 수련에 있어서는 시작과 마침에 예법을 지키고, 기본을 중시하며, 무도 기술에만 편중하지 않고 심·기·체(心·技·體)를 일체라고 생각해서 수련한다.

(합기도의 시합)

제3조 합기도(合氣道) 시합이나 술기의 시범(演武)에 임해서는 평소 연마한 극기내성(克己耐性)의 정신을 발휘해서 최선을 다함과 동시에 승리하였다고 해서 자만하지 않고, 패배하였다고 해서 좌절하지 않으며, 항상 절도 있는 태도를 견지한다.

(합기도의 도장)

제4조 합기도(合氣道) 도장은 심신단련의 장(場)이며, 규율과 예의범절(禮儀凡節)을 지키며, 정숙·청결·안전을 기본으로 해서 엄숙한 도장 수련 환경유지에 노력한다.

(합기도의 지도)

제5조 합기도(合氣道) 지도에 임해서는 항상 인격도야에 힘쓰며, 술리(術理)의 연구, 심신(心身)의 단련에 힘쓰며, 승패나 술기 기술의 익숙함과 서투름에 구애받지 않고 합기도 수련인으로서 모범이 될 만한 태도를 견지한다.

(합기도의 보급)

제6조 합기도(合氣道)의 보급에 임해서는 합기도의 무술로서의 가치와 특성을 살려서, 국제적인 시야에 서서 지도의 충실과 연구의 촉진을 도모함과 동시에 합기도의 발전에 노력한다.

2022년 8월 25일 제정(制定)

(가칭) 최용술 합기도 전수관 창립준비 위원회

제6부

초창기 대구지역 최용술 도주 제자들 도장 술기(術技) 지도체계 사례

【합기도의 교육적 가치와 이념, 그리고 기술체계 등이 중요하지만 그것이 무도 종목의 기술적 우위성에서까지 기준이 될 수는 없다. 하지만 합기도 수련에 따른 각 도장별 유급자 및 유단자별 체계적인 교육 기준 마련과 기술(술기) 용어의 통일성의 구체적인 내용은 확립해야 한다.】

근대 한국 합기도 형성 초창기 대구지역 최용술 도주 제자들 도장 술기(術技) 지도(수련)체계 사례 자료

【한국 합기도에서 술기란 모든 외형적 기술(技術, skill)을 통칭(通稱)하여 지칭하는 용어로 술기(術技, practical art·技術)는 합기도의 실용적인 기술을 의미한다.】

제 1편 : 초창기 대구지역 최용술 도주 제자들 합기도 도장 지도(수련)체계 사례 (Ⅰ) : 원로 관장

● 준비운동 순서

1. 목운동 (목 돌리기)
2. 몸통운동 (뒤 척추 보안)
3. 등뼈운동
4. 옆구리운동
5. 어깨·가슴 펴기 운동
6. 단전호흡 (장운동)
7. 단전호흡 (어깨·가슴운동)
8. 좌우 팔꿈치 공격운동 (양 팔꿈치로)
9. 전후 명치공격 (전은 관수·후는 팔꿈치)
10. 사방 눈 그리기(치기) 공격(관수)
11. 대동맥 치기운동 (수도)
12. 인중 공격 (종권)
13. 눈 찌르기 (이지 관수)
14. 관수 명치 및 천돌 혈 공격
15. 장권 십장공격 (장권)
16. 추권 턱 쳐 올리기 (추권)
17. 대권 전방 옆구리 공격 (대권)
18. 이권 좌우 턱 쳐 올리기 (추권)
19. 숨 고르기 전후·좌우 (손가락 펴서)

■ 발차기 (족 찌르기)

20. 하단 발차기
21. 낭심 찔러 차기 (발끝)
22. 좌우 명치 차기 (발끝)
23. 전방(근접) 턱 차올리기 (발끝)
    ― 하단 옆차기(위치 무릎 관절) 족도 좌우 및 전방
25. 무릎 하단 방어 (안에서 밖으로, 밖에서 안으로)
26. 하단 대퇴부 밀어차기 (발뒤축)
27. 척추 감아 차기 (발뒤축)
28. 대퇴부 내려 까기 (족도)
29. 족도 높혀 까기 (족도)
30. **객주(쭈)인 공격** : 태권도에서 주로 사용하는 인체의 급소인 머릿골 신경을 자극하여 감각과 운동 기능을 잃어 사망하게 하는 기술 ⇒ (발바닥 및 발 뒤꿈치)
31. 무릎 전방 공격
32. 족 그리기 (하단)
33. 높이뛰기
34. 뛰기 운동 (1) / (2)
35. 정리 운동 (호흡운동)

● 지도상의 주의점

ㄱ. 합기도 운동의 성공적인 기술 습득의 핵심은 철저하고 정확한 준비운동의 완습(完習·mastery: 숙달)과 수련에 큰 비중이 좌우되는 것인 바, 전 사범진 및 관원은 정확하고 철저한 동작 습득에 최선의 노력을 기우리기 바람.
ㄴ. 합기도 준비운동은 몸을 푸는 운동만이 아니라 실전(實戰) 운동이므로 단련과 인내 속에 행하기 바람.

● 부수적인 단련법

1. 지력(肢力) 향상운동 (손가락 펴고 팔굽혀펴기)
2. 목 근육 운동(머리 받쳐 목 운동)
3. 다리 근육 펴기(발 째기)
4. 하체 운동
5. 복권단련법
6. 양팔 목 단련
7. 양팔 목 엇갈려 치기 (X자형 공격지점은 상대 객주인:객쭈인 부위)
8. 걸어 막기 (힘의 방향전환)
9. 자유공격 방어법
10 하단 발목 단련 (하단 발차기)
11. 장다리 뼈 단련
12. 손목관절 단련

【위의 열거한 부수적인(추가적인) 단련법은 합기도 운동에 있어서 필수적인 단련법이므로 장시간의 인내로 단련을 해나감으로서 고급 합기도 기술습득의 원천이 되는바 게으름 없는 지속적인 단련이 있기 바람】

● 낙 법 (洛 法)

- 낙법이란 상공에서 떨어지거나 불시에 넘어졌을 때 지면과의 마찰을 최대한 약하게 하여 몸의 상(傷)함을 최소한 적게 하는 방법이므로 정확한 기법과 수많은 연습이 필요하게 된다.

- 이 낙법의 원리는 고양이의 낙하 모습을 보고 착안해낸 것으로 자기 몸의 최대 보호를 위하여 부드러운 동작을 행하여야 한다.

* 낙법의 종류 수만 가지의 넘어지는 방법이 있겠지만 일반적인 기본은 다음과 같다.

- 전방 낙법(앞으로 넘어 졌을 때)
- 전방회전 낙법(앞으로 구르는 낙법) : 장애물 뛰어넘기
- 좌 / 우 측방 낙법(옆으로 넘어지는 법)
- 후방 낙법(뒤로 넘어지는 법)
  : 반드시 아래턱을 당겨서 머리 부분이 직접 지면에 닿지 않도록 주의가 요함
- 후방회전 낙법(뒤로 구르는 낙법)
- 덤브링(핸드스프링·공중회전) 덤브링은 몸의 유연성을 길러주기 위한 방법인 바 최대의 노력이 요함.

* 상기 낙법(洛法)은 합기도(合氣道) 운동 뿐만 아니라 타 운동의 습득(習得)을 위하여서도 꼭 필요한 기본 운동인 것인 바 전 관원(全館員)은 게으름 없이 착실한 수련(修練)있기 바람.

● **각 권의 종류 및 단련**
1. 수도
2. 정권

<단계별 합기도 술기 기술 지도(수련) 체계>

● 백띠 과정(기초반)

<손목 빼기>

1. 옆으로 빼기 : 45도 대각선 상대 배꼽을 칼로 찌르며
2. 밑으로 빼기 : 하의(下衣) 제봉선 방향으로
3. 위로 빼기 : 팔꿈치로 상대 심장을 찍는 식
4. (외) 엇갈려 빼기 : 상대의 엄지 손가락의 파괴와 회전 타법, 타격 부위는 객주인 및 대동맥
5. (내) 엇갈려 빼기 : 타격 부위는 팔꿈치로 명치 급소 및 옆구리

<손목수>

1. 수평 당기기 (호흡과 기의 일치시키는 연습)
2. 밀고 당기기 힘의 역법 이용법
3. 밀면서 당기기 대각선 허리 회전이 중요
4. 손목관절 꺾기 (Ⅰ) : 손목관절 꺾는 각도(角度)의 인지법
5. 손목관절 대각선 꺾기 (Ⅱ) : 손목관절 대각선 꺾는 각도(角度)의 인지법

<의복수>

1. 소매 깃과 팔굽 중간 잡기 (상대 손목 말면서 대각선으로)
2. 어깨 잡기 (접는 손의 정확한 밀착과 허리의 회전)

3. 멱살(측면) 잡기 (부분 힘의 집중 공격법)
4. 옆구리 잡기 (허리의 회전과 손칼 쓰는 법)
5. 팔꿈치 잡기 (원의 원리 및 가속)

＊ 위의 기본수는 합기도 수련에 있어서 제일 중요하며, 이 기본수는 합기도 기술 습득을 위한 근원이 되는 것이므로 상·하를 막론하고 제일 중요시 느끼며 장기간 수련이 필요함.
(기본수의 연습은 성공적인 기술습득의 지름길이다.)

● 황띠 과정 (기초반)

▶ 황띠 과정(기초반) 손목 빼기

【면상 후리기】 상대중심을 파괴 하면서 공격
【옆구리 후려치기】 대횡 혈 및 뒷 척추 공격
【한 손쳐서 빼고 객주인 공격】
【한 손쳐서 빼고 복예 혈 치기】
【양손으로 잡혔을 때】 원(圓)의 원리로 돌려 빼서 공격

▶ 황띠 과정(기초반) 손목수

【손목수】 손목관절 젖히면서 뒤돌아 회전꺾기
【손바꾸어 안쪽 업어 후려치기】 팔굽 관절 꺾어서
【잡힌 손 타원 돌려 후려 놓기】 밖으로 감아서
【팔굽 관절 밑에서 돌려 찌기】 연행(連行·강제로 데리고 감)수
【팔굽 관절 밑에서 뒤로 치고 넘기기】

▶ 황띠 과정(기초반) 의복수

【소매깃 잡기】 앞으로 순간적으로 당겨 칼 넣어 꺾기
【팔굽 위 잡기】 허리의 들어감과 손의 가슴 밀착
【목깃 잡기 】 다리의 돌입이 중요
【안 멱살 잡고 당길 때】 상대 팔목 칼 넣어
【정상 허리띠 잡기】 팔굽 관절 꺾기

▶ 황띠 과정(기초반) 안 손목수

【손목 돌려 팔굽관절 꺾기】
【손목 돌려 대각선 방향 뒤로 당겨 팔굽 관절 꺾기】
【뒤로 젖혀 뒤로 넘기기】
【뒤로 젖혀 앞으로 넘기기】
【손목 관절 말아서 수직 꺾기】

● 청띠 과정(기초반)

▶ 청띠 과정(기초반) : 손목 빼기

【손목 빼고 명치 치기】 팔꿈치 공격
【손목 빼고 낭심 치기】
【손목 빼고 명치·면상 및 복예혈 치기】
【손목 감아 빼면서 상대 다리 뒤로 들어가며 팔꿈치로 명치 또는 대권으로 상대 목 그리며 뒤 넘기기】

【내 앞으로 당기면서 팔굽으로 상대명치 공격】

▶ 청띠 과정(기초반) : 손목수

【손목관절 틀어 밀어 꺾기】
【팔굽 관절 쩌서 꺾기】 발로 명치 차고
【안팔 치며 다리 후리기】
【팔굽 관절 풍차 꺾기】
【손목 안에서 밖으로 돌려 엎어쳐 후리기】
【손목 눌러 (밑으로) 잡혔을 때】

▶ 청띠 과정(기초반) : 의복수

【소매 깃 잡기】 유중에 밀착이 중요함
【팔굽과 어깨 중간 잡혔을 때】 순간적인 밀어 꺾기
【뒤 목덜미 잡혔을 때】
【멱살 굽혀 당기기 (밖)】
【허리띠 잡기 (밑으로)】
　(Ⅰ) 상대 안쪽 팔 눌러 내리고(빼고) 뒷다리 후려 넘기기
　(Ⅱ) 수도로 상대 대동맥 치고 넘기기

▶ 청띠 과정(기초반) : 안 손목수

【팔굽으로 상대 명치 치면서 돌려 꺾기】
【손목 돌려 바깥다리 또는 허리후리기】

【손목 회전시켜 곡지혈 잡고 돌려 꺾기】
【목 걸어 젖혀 쥐로 넘기기】
【손목관절 대각선 찔러 밀면서 꺾기】

▶ 청띠 과정(기초반) : 양손목수

【양손 엇갈려 잡혔을 때】
【한 손 밀며 한 손 당겨서 목으로 쳐서 꺾기】
【한 손은 뒤 허리 걸고 한 손은 심장쳐서 넘기기】

● 홍띠 과정(초급반)

▶ 홍띠 과정(초급반) : 손목수

【손 바꾸어 바깥다리 대각 걸어 팅겨 밀기】
【팔굽 관절 어깨 매기】 : 연행(連行)법 및 꺾기
【손 바꾸어 팔굽 관절 어깨 뒤로 걸어 팔꿈치로 상대 명치치고 뒤로 넘기기】
【손목 관절 측면 꺾기 앞으로 잡치면서 파도 넘기기】
【오리발 꺾기】 : 손목 관절 감아 곡지혈 잡고 감아 꺾기

▶ 홍띠 과정(초급반) : 의복수

【소매깃 잡혔을 때】 앞으로 잡쳐 당기며 심장치기
【팔굽 관절 잡혔을 때】 꺾어 연행(連行) 및 곤두박질 꺾기

【어깨 잡혔을 때】 손목 및 팔굽 꺾기
【유중 잡혔을 때】 손목 관절 밀착시켜 밀어 꺾기
【허리띠 잡혔을 때】 손목관절 꺾기

▶ 홍띠 과정(초급반) : 바깥 손목수

【손목관절 유중 밀착해서 꺾기】
【바깥쪽으로 틀면서 팔굽 관절 어깨 매기】
【상대 팔굽당겨 밑으로 감아 꺾기】
【팔굽 관절 잡쳐서 꺾기】
【척추에 밀착시키고 반대 손 추권으로 턱 및 장권으로 심장 쳐서 넘기기 엄지 손가락의 밀착】

▶ 홍띠 과정(초급반) : 양손목수

【손목 꺾기 Ⅰ】
【손목 꺾기 Ⅱ】 대각선 당겨 날리기
【손목 꺾어 뒤돌아 꺾기】
【밑으로 감아서 엄지 손가락 꺾으면서 무릎으로 턱 및 심장 차올리기】
【손 바꾸어 잡고 뒤로 들어가 연행(連行)법 뒤로 앉히기】
【손 바꾸어 돌아 던지기】

● 자띠 과정(초급반)

▶ 자띠 과정(초급반) : 손목수

【손목 안쪽 엎어 잡고 곡지혈 눌리면서 후려치기】 발로 위중혈 차면서
【손 바꾸어 잡고 어깨 엎어 던져 후리기】
【상대 팔굽 관절 당겨 다리사이 머리찌기】
【손목관절 돌려 꺾어 잡고 상대 발을 누르면서 제자리 주저앉혀 꺾기】
【손 바꾸어 다리 뒤로 걸어 차면 천창혈 걸어 뒤로 넘기기】

▶ 자띠 과정(초급반) : 의복수

【양손대각선 목 조르기 때】 ⇒ 양손 안쪽 목조르기 때 종권으로 복토혈 공
                              격 및 쌍수도로 옆구리 공격
【안먹살 및 바깥 먹살 당길 때】
    ㉠ 상대 허리띠 잡고 장권 턱 밀기
    ㉡ 바깥 먹살시 척추 감아 천돌혈 찔러 넘기기
【허리띠 잡혔을 때 (밑으로)】 칼 넣기 1번식
    ⇒ 칼 넣어 빠지거든 뒤돌아 꺾기
【허리띠 잡혔을 때】 ― 칼 넣기 2번식
【허리 띠(밑으로) 잡고 밀 때】 ― 팔굽 관절 당겨 찍기(위에서 아래로 내리치기)

▶ 자띠 과정(초급반) 뒤 의복수

【뒤로 빠지면서 앞쪽으로 당겨 내려 앉혀 꺾기】
    ⇒ 허리<척추>에 충격을 주어야 함
【뒤돌아 손목 꺾기(Ⅰ), (Ⅱ)】
【뒤돌아 상대 팔굽 관절 수직 꺾기】
【원형 빠지면서 앞으로 다리 걸어차면서 내려 꺾기】
【손 바꾸어 앞으로 업어치기】

▶ 자띠 과정(초급반) : 양손목수

【대각선 엮어 꺾기】
【대각선 꺽어 등 맞추어 업어 던지기】
【관수로 명치 찌르고 팔굽 관절 꺾기】

▶ 자띠 과정(초급반) : 주먹 방어

【안에서 밖으로 방어】 수도로 목쳐서 넘기기
【걷어 막아 상대 팔굽 관절 꺽기】 반대 방향 손 걷어 막기
【공격 방향의 같은 손 걷어 막아 상대 팔굽 관절 쳐서 꺾기】
【안에서 밖으로 막아 팔굽 관절 당겨 감아 꺾기】

<유단자 과정 기술 지도(수련) 체계>

● 초단 과정(중급반)

【손목수】

① 팔굽 관절 튕겨 꺾기(손 바꾸어 잡고)
② 손목 관절 돌려 잡아 뒤로 잡치기
③ 발로 명치 차고 무릎으로 팔굽 관절 꺾기(손목 돌려 잡고)
④ 손목 관절 돌려잡고 옆으로 멀리 던지기
⑤ 손 바꾸어 팔굽 관절 감아 넣어 넘기기(타격에서 연결)

【의복수】

① 소매깃 잡혔을 때 (뒤로 잡치며 심장쳐서 넘기기)
② 목깃 잡혔을 때 (밑으로 돌아 쌍수도 관절치기)
③ 멱살 잡혔을 때 (밖) 돌려 상대 목치고 연행(連行)
④ 허리띠 잡혔을 때 (밑) 곡지혈 잡고 엎어치기
⑤ 허리띠 잡혔을 때 (정상) 팔굽당겨 수직 꺾기(다리후림)

【뒤 의복수】

① 뒤에서 양어깨 잡혔을 때 (뒤돌아 손목 꺾기 —Ⅰ)
② 뒤에서 양어깨 잡혔을 때 (뒤돌아 손목 꺾기 —Ⅱ)
③ 뒤에서 뒷목 잡혔을 때 (밑으로 돌아 턱 밀기)

④ 뒤에서 뒷목 잡혔을 때

　(역으로 돌아 수도로 대동맥 치며 다리 후려쳐 넘기기)

⑤ 양 팔굽 잡혔을 때

　(뒷발 빠지며 한 손으로 상대 팔굽 깃 잡고 한 손 팔꿈치로 상대 명치공격)

【엇갈려 손목수】

① 엄지 손가락 꺾기
② 장치기(황띠 안 손목 3번식에 앞에서 손바닥 장치기)
③ 옆구리 찔러 넘기기(반대 손 곡지혈 잡고)
④ 왼손으로(황띠 3번식) 오른쪽 손등으로 위중혈 쳐서 뒤로 넘기기
⑤ 잡힌 손 관수로 오리혈 찌르고 반대 손 위중 걷기

【권 방어 처리수】

① 상대 공격 손의 반대방향 손으로 걸어 막아 반대 손 곡지혈 잡고
　휘어 넘기기
② 상단 공격시 (정권 공격) 쌍수 막아 황띠 안 손목 2번식
　(순간적인 잡치는 힘이 중요)
③ 옆구리 공격시 감아 찍어 면상 땅에 꽂아 치기
④ 걸으면서 앞으로 잡치기(하단 발차기로 다리 걸음)
⑤ 걸으면서 손목 돌려 발끝 겨드랑(극천혈) 밑 차고 뒤로 넘기기

【단도 방어 처리수】

① 하복부 찌를 때(직선으로)

② 하복부 돌려 찌를 때
③ 심장 찌를 때
④ 위에서 내려 찌를 때
⑤ 휘돌려 찌를 때
⑥ 좌·유중 찌를 때
⑦ 우·유중 찌를 때
⑧ 목깃 당겨 옆으로 찌를 때
⑨ 복부견줄 때 (역으로 상대복부 전환)
⑩ 목견줄 때 (빗겨 손목 꺾기 —Ⅰ)

● 2단 과정(중급반)

(손목수)

1. 손 바꾸어 누우면서 상대 팔굽 펴서 꺾기
2. 상대 목잡아 돌리기
3. 손목 돌려 잡아 밖으로 칼 넣기
4. 역으로 펴서 꺾기(손목 돌리면서 옆으로 당기며)
5. 손목 돌려 잡아 밀고 반대로 목깃 잡고 잡치기
6. 밑으로 눌려 잡혔을 때 (반대 방향 목깃 당기고 회전 잡치기)
7. 밑으로 눌려 잡혔을 때 (밀고 당기면서 손목 꺾어 잡치기)
8. 정상 잡혔을 때 (팔굽 관절 받쳐 밀기)
9. 정상 잡혔을 때
    (손 바꾸고 돌려 잡고 뒤로 회전하며 손으로 다리 걸어 앞으로 넘기기)
10 뒤로 당기면 (배 앞으로 당기면서 극천혈 찌르기)

(의복수)

1. (정) 멱살 잡고 당길 때 (밑으로 돌려 꺾기)
2. (정) 멱살 잡고 당길 때 (밑으로 잡아당겨 공중회전 꺾기)
3. 안 멱살 당길 때 (안으로 감아 유중치기)
4. 안 멱살 당길 때 (옆으로 상대 턱 밀기)
5. 유중 잡혔을 때 (주먹손 엄지 넣어 꺾기)
6. 유중 잡혔을 때 (팔굽 굽으로 펴서 반대 내려 꺾기)
7. 허리띠 잡혔을 때 (밑) : 한 손 허리 반대 손 심장 처 넘기기
8. 허리띠 잡혔을 때 (정) : 상대 목 깃 당겨 무릎공격과 다리 후리기)
9. 허리띠 잡혔을 때 (한 손 반대 다리 걸어 튕겨 밀기)
10. 허리띠 잡혔을 때 (옆으로 상대 턱 밀기)

(양손목수)

1. 밖으로 돌려 잡아 찌르기
2. 안으로 돌려 잡아 위중 치며 당기기
3. 한 손 정상 잡고 한 손은 눌려 잡혔을 때 (회전 잡치며 돌려 넘기기)
4. 옆으로 멀리 던지기 (대각선 쌍수 튕겨 밀기)
5. 쌍수 날리기

(좌기<앉아서> 수)

1. 손가락 칼 넣기 (상대 하단 발목)
2. 대권 칼 넣기
3. 무릎 관절 정면쳐서 넘기기

4. 위중혈 당기면서(앞으로) 무릎 관절 옆으로 꺾기

5. 오리혈 찌르며 뒤로 넘기기(목깃 잡고 당길 때)

6. 손목 당겨 잡혔을 때

7. 멱살 당겨 잡혔을 때

   상좌해 있을 때

8. 족도로 상대 발목 고정하고 손목 꺾기

9. 머리 잡혔을 때 (관수로 천돌 공격)

10. 양어깨 잡혔을 때 (돌려 넘기기)

(와기수)

1. 족도로 하단 쳐서 넘기기
2. 족도로 상대 위중 안으로 감아 처리
3. 허리 부문 서 있을 때 (양 무릎 쳐서 처리)
4. 머리위 서 있을 때 (수도 칼 넣기)
5. 머리위 서 있을 때 (수도 칼 밖에서 안으로)

(혈집기)

혈법

1. 곡지혈   2. 소해혈   3. 결분혈   4. 대횡혈   5. 염철혈
6. 염천혈   7. 수삼리혈   8. 위중혈   9. 승근혈   10. 오리혈
11. 복토혈   12. 곡택혈(곡퇴혈)   13. 천부혈   14. 천창혈   15. 천부혈
16. 합곡혈   17. 양계혈   18. 천돌혈   19. 유중혈   20. 족삼리혈

<단도 방어>

1. 낭심 찌를 때 (쌍수 방어 1. 2)
2. 낭심 찌를 때 (쌍수 방어 뒷발 빼면서 손목 꺾기)
3. 위에 내려찍을 때
   (들어 올린 상대 팔굽잡아 대각선 밀면서 상대 무릎관절 차며 넘기기)
4. 위에서 내려찍을 때
   (들어 올린 상대 팔굽잡아 대각선 밀면서 상대 무릎관절 차며 뒤로 젖히기)
5. 상대 목 돌려 찌를 때 (상단 방어 황띠 손목수 1번식)
6. 상대 목돌려 찌를 때 (받아서 업어치기)
7. 뒤에서 등어리 견줄 때 (안으로 돌아 팔굽 치고 턱 밀기)
8. 뒤에서 등어리 견줄 때 (밖으로 돌아 천청혈 당겨 제압)
9. 옆구리 찌를 때
   (뒤로 돌아 상대 팔굽치고 상대 머리칼 잡고 뒤로 당기기)
10. 안면 찌를 때 (걷으내면서 어깨로 돌아 멀리 던지기)

* 위의 열거한 술기는 속력의 숙달이 지극히 요망되는 바, 동작의 기민한 연습이 필요함

● 3단 과정 (중급반)

(손목수)

1. 당기면서 측면 턱 밀기 (잡치기)
2. 당기면서 다리 안으로 후리고 정면 턱 밀기

3. 손목 관절 틀어 자세 앉으며 회전 꺾기

4. 손목 관절 틀어 옆으로 나가면서 튕겨 꺾기

5. 옆으로 손목 관절 받쳐 꺾어 멀리 던지기

6. 후방 손목 관절 받쳐 멀리 던지기

7. 손목 관절 밑으로 돌려 잡고 어깨 업어치기
   (손 바꾸어 진 상태에서 엄지손가락 잡고)

8. 손목 관절 밑으로 돌려 잡고 어깨 업어치기
   (손 바꾸어 진 상태에서 멀리 던지기)

9. 손목 당기기 1번식에서 관절 받쳐서 멀리 던지기

10. 손목 당기며 (상대 팔굽 관절 짜서) 다리 후리며 (발차기 1번식) 돌려 넘기기

(의복수)

1. 소매 깃 잡혔을 때
   (당기면서<측면> 족도로 상대 무릎관절 측면 차면서 옆으로 넘기기)

2. 소매와 팔굽 중간 밑으로 잡혔을 때 (팔굽 관절 감아 후리기)

3. 어깨 쭉 뻗어 잡혔을 때 (손목 관절 어깨에서 수직 꺾기)

4. 정상 멱살 당겨 잡을 때
   (한 손으로 상대 목깃 당기고 반대 손 상대 팔굽 돌려 밀면서 넘기기)

5. 정상 멱살 당겨 잡을 때
   (손 밑으로 감아 상대 어깨 아래로 당기고 반대 손 장권 턱 밀기)

6. 안 멱살 당겨 잡혔을 때 곡지혈 안쪽 잡아 밀면서 관수 및 지력으로 목 급소 찔러 넘기기

7. 안 멱살 당겨 잡혔을 때 상대 팔굽 관절 <대각>방향 수도 내려찍기

8. 옆구리 잡혔을 때
   (뒤로 당기면서 內→外로 상대 팔굽 관절 감아 뒤로 당겨 넘기기)

9. (정상) 허리 잡혔을 때 : 쌍수 잡아 팔굽 관절 치기
10. (정상) 허리 잡혔을 때 : 손목 팔굽 잡치며 수직 꺾기

(안 손목수)

1. 수직 칼 넣으면서 내려 꺾기
2. 밑으로 틀어 세워 멀리 던지기
3. 밑으로 틀어 앞으로 접치기 (무릎 관절 족도로 걷어차며)
4. 밑으로 돌려 목 뒤로 넘기고 반대 손 등뼈 받쳐 뒤로 넘기기
5. 앞으로 당기면서 칼 넣기
6. 내 가슴 앞으로 당기면서 반대 손 상대(견정혈) 목 잡아당겨 받치기
　 또는 넘기기
7. 황띠 3번식에서 수직 내려 꺾기
8. 밑으로 감아 정면 들어 (상단 방어식) 반대 손 극천혈 유중혈 치며
　 뒤로 밀기
9. 상대 대퇴부 들어 던지기
10. 손목 밑으로 돌아 등 뒤로 돌리고 뒤로 던져 넘겨 처리
　　 (등 뒤 척추의 충격이 중요함)

(바깥 손목수)

1. 밑으로 감아 옆구리 밀고 반대 손 상대방 어깨부터 손 전체 고정시키면서
　 멀리 던지기
2. 밑으로 감아 옆구리 밀고 반대 손 상대방 어깨부터 한 손 목 급소 눌러 내
　 려 박기
3. 밑으로 감아 등 뒤에 올리고 반대 손 하단 무릎 걸고 멀리 던지기

4. 밑으로 감아 대각선 밀고 반대 손 목깃 당겨 넘기기
   (손등을 살려서 밀어야 된다)
5. 두손 잡고 돌아서 수직 내려 깔기

(엇갈려 손목수)

1. 손목 안에서 박으로 돌려 잡고 (왼손으로 황띠 안손목 3번식) 위로 빼면서 눌러 꺾기
2. 손목 상대 겨드랑 쪽으로 찌르는 식에서 반대손 손목 관절 잡고 원혈(돌력) 꺾기
3. 손목 안에서 밖으로 돌려 잡고 반대 손 상대 목깃 당기며 발 뒷굼치로 상대 무릎 관절 눌러차기 (발뒷굼치로 상대방의 복토혈을 눌러야 한다)
4. 손목 돌려 잡고 앞으로 멀리 던지기
   (족도로 상대방의 무릎 관절이나 상대방의 복토혈을 차면서 넘기면 더욱 효과적이다)
5. 돌려 잡고 명치치기 반대 손 팔꿈치를 잡고(순간적으로 약간 뒤로 당겨 돌려 잡았다가 순간 복부 내지 상경을 쳐서 넘긴다)

(선수 처리법)

1. 손목 꺾기 2번식에서 손잡은 같은 쪽의 발로 (발바닥) 상대편 옆 무릎 관절 쳐서 넘기기
2. 손목 꺾기 1번식에 뒷발 빼면서 내려 꺾기 (순간적인 힘의 사용이 중요)
3. 손목 꺾기 3번식 회전 하며 꺾기
4. 상대 팔꿈치 돌아 당기면서 오르는 손목 관절 돌려 잡고 옆으로 꺾어 넘기기
5. 상대 손가락 잡고 수직 내려 깔기 (하단을 걸어주면서)

6. 손가락 잡고 돌면서 꺾기 (공중낙법 요망)

7. 양 멱살 당기면서 발꿈치로 상대 무릎이나 복토혈 눌러 차기

   (고정시켰다가 뒤로 순간적으로 밀어 찬다)

8. 상대 명치 차고(측면에서) 숙이는 순간 상대 목잡아 돌려 눈 찔러 주기

9. 상대 양 어깨 회전시키며 뒤로 목조르기

   (발바닥으로 상대의 위중 급소를 차야 함)

10. 상대 손 옆으로 당기면서 상대 양다리 차서 뒤로 넘기기

    (발로 가까이 걷는 식으로 차면 좋다)

제2편 : 초창기 대구지역 최용술 도주 제자 합기도 도장 지도(수련)체계 사례 (Ⅱ) : 원로 관장

● 준비운동

순서	준 비 운 동	해 설 및 공 격 법
1	허리운동	허리 앞뒤 굽히기 운동
2	몸통운동	허리 좌우 돌리기 운동
3	등배운동	허리 앞뒤 굽히기 운동
4	목운동	목뒤 좌우로 돌리기 운동
5	옆구리운동	옆꾸리 좌우로 돌리기 운동
6	어깨 / 가슴운동	팔 뻗어 가슴 운동
7	장운동	단전호흡 운동
8	발차기 1번	하단 발차기 : 경골
9	발차기 2번	중단 발차기 : 명치
10	발차기 3번	상단 발차기 : 턱
11	턱차기	발 뒷꿈치로 무릎 관전 펴서 공격
12	옆구리차기 1번	족도로 옆 사람 옆구리 공격
13	옆구리차기 2번	족도로 앞 사람 옆구리 공격
14	차내리기	족도로 옆 사람 대퇴부 부위를 차내려 공격
15	차돌리기	발 뒷꿈치로 앞사람 대퇴부 부위를 차돌려 공격
16	감아차기	발 뒷꿈치로 앞사람 척추 감아 차 공격
17	하단방어	무릎으로 하단 방어
18	돌려차기 1번	앞 발꿈치로 앞사람 명치 공격
19	돌려차기 2번	뒷 발꿈치로 앞 사람 척추 및 명치 공격

20	전후 공격	중권으로 앞사람 공격과(명치) 동시에 족도로 뒷사람 공격
21	팔꿈치 공격 1번	양 팔꿈치로 (좌·우) 옆사람 명치공격
22	팔꿈치 공격 2번	양 팔꿈치로 (전·후) 뒷사람 명치공격
23	눈 후려치기	손등으로 옆 사람(좌·우)공격
24	목 동맥치기	앞사람 목 동맥(수도)
25	눈 찌르기	앞사람 이본 관수로 공격
26	턱 밀기	앞사람 장권으로 공격
27	목 찌르기	앞사람 관수로 공격
28	명치 치기	앞사람 중권으로 공격
29	뜀뛰기운동 1번	상·하로 발 굽혀 뛰기 운동
30	뜀뛰기운동 2번	앞으로 발 뻗쳐 찌르기 운동
31	높이뛰기	양팔 및 양다리 벌려 높이뛰기
32	호흡운동	1) 앉아 서기(상·하) 2) 발 교체(전·후)

<단계별 합기도 기술 지도(수련) 체계>

<8 ~ 7 級 (백띠) 과정>

기본 술기	술 기 명	번호	해 설	공격방법 공격부문
	주먹받기 1번	1	정면으로 공격해 올 때 : 한손 바깥손목(회전)으로 교차하여 방어 처리 제압법	
	주먹받기 2번	2	측면으로 공격해 올 때 : 두손 바깥손목(회전)으로 방어하여 처리 제압법	
	주먹받기 3번	3	정면·측면(상단)·명치(중단)·복부(하단)을 공격해올 때 : 두손으로 척골로 자유방어 하여 처리 제압법	
	발차기 1번	4	앞사람 하단 공격법 : 안 족도로 종아리뼈 또는 장단지 뼈 공격법	
	발차기 2번	5	앞사람 중단 공격법 : 앞 꿈치로 명치 또는 하복부 공격법	
	발차기 3번	6	앞사람 상단 공격법 : 앞 꿈치로 몸통 또는 얼굴 공격법	
	손목꺾기 1번	7	앞사람의 손목관절을 뒤로 꺾으면서 처리 제압하는 공격법	
	손목 꺾기 2번	8	앞사람의 손목 척골 부위를 옆으로 제켜 처리 제압하는 공격법	
	손목 꺾기 3번	9	앞사람의 손목관절 및 지골을 뒤로 제켜 처리 제압하는 공격법	

기본 술기	술 기 명	번호	해 설	공격방법 공격부문
	팔굽 꺾기 1번	10	대각으로 하여 상대방 한쪽 손목을 앞으로 당기고 한 손으로 척골로 바로 팔굽 관절을 꺾어 처리 제압법	
	팔굽 꺾기 2번	11	대각으로 해서 엄지로 상대방 손등부위 장골	
	허리띠 잡기 1번	12	척골부위를 바깥에서 안으로 돌려 90도로 세워 반달 손으로 하여 밑으로 눌러 꺾어 처리 제압법	
	허리띠 잡기 2번	13	수도로 판자놀이(현고) 및 목 동맥을 치면서 발로 걸어 뒤로 넘기면서 처리 제압법	
	옷깃 잡기 1번	14	바로 잡을 때 : 상대방 팔을 바깥에서 안으로 돌리면서 팔굽을 겨드랑사이에 껴서 관절을 꺾어 처리 제압법	
	옷깃 잡기 2번	15	세워 잡을 때 : 척골 부위를 바깥에서 안으로 돌려 90도로 세워 반달 손으로	
	옷깃 잡기 3번	16	제켜 잡을 때 : 수도로 목 동맥을 치면서 발로 걸어 뒤로 넘기면서 처리 제압법	
	멱살 잡기 1번	17	바로 잡을 때 : 14번과 동일	
	멱살 잡기 2번	18	세워 잡을 때 : 15번과 동일	
	멱살 잡기 3번	19	제켜 잡을 때 : 16번과 동일	
	양손으로 옷깃잡기 1번	20	바로 잡을 때 : 17번과 동일	

	양손으로 옷깃 잡기 2번	21	제켜 잡을 때 :	
	어깨 잡기 1번	22	한손으로 잡을 때 :	
	어깨 잡기 2번	23	두 손으로 잡을 때 :	
	팔꿈 잡기 1번	24	안 잡을 때 : 하 전박근과 상 이두박근 사이에 쪄서 바깥에서 안으로 손목 관절을 안으로 틀어 꺾어 처리 제압법	
	팔꿈 잡기 2번	25	바깥 잡을 때 : 하 전박근과 상 이두박근 사이에 쪄서 안에서 바깥으로 돌려서 안으로 틀어 꺾어 처리 제압법	
	팔꿈 잡기 3번	26	바깥 잡을 때 : 수도로 목 동맥을 공격해서 뒤로 넘겨 발로 목 밟고 처리 제압법	
	소매끝 잡기 1번	27	안쪽 잡을 때 : 24식과 동일	
	소매끝 잡기 2번	28	바깥 잡을 때 : 25식 또는 26식과 동일	
	손목 빼기 1번	29	바깥 손목으로 (한손) 잡을 때 : 옆으로 당겨 밀며 빼기	
	손목 빼기 2번	30	안 손목으로 (한손) 잡을 때 : 안으로 돌려서 빼기	
	손목 빼기 3번	31	양 손목으로(두 손목)따로 잡을 때 : 앞으로 밀면서 빼기	
	손목 빼기 4번	32	양 손목으로(한손) 모두 잡을 때 : 위로 밀면서 빼기	

6 ~ 5급 (노란띠)

기본 술기	술 기 명	번호	해 설	공격방법 공격부문
	손목 꺾기 1번	1	양손 모두 잡을 때 : 한손을 빼어 돌아가면서 앞사람 손목 관절을 뒤로 꺾으면서 처리 제압법	중권 -명치
	손목 꺾기 2번	2	양손 모두 잡을 때 : 한손을 빼어 돌아가면서 앞사람 척골 부위를 재껴 처리 제압법	앞꿈치 -명치
	손목 꺾기 3번	3	양손 모두 잡을 때 : 한손을 빼어 돌아가면서 앞사람 지골을 뒤로 제껴 처리 제압법	중권 -명치
	손목 꺾기 4번	4	양손 모두 잡을 때 : 잡힘 그래도 (좌·우)를 위로 회전 돌려 원을 그리면서 안에서 몸을 옆으로 빠져 나오면서 손가락을 꺾어 연행처리	팔꿈치 -명치
	소매깃 잡기	5	좌우로 돌면서 수도로 늑골. 공격한 손으로 다시 목동맥을 쳐서 뒤로 넘기면서 처리방법	팔꿈치 - 명치
	팔굽 잡기	6	좌우로 돌리면서 팔꿈치로 명치 공격한 손으로 혁띠를 잡고 명치 공격한 손. 장권으로 턱 뒤로 밀면서 처리 제압	팔꿈치 - 명치
	양 어깨 잡기	7	잡힘 그대로 한발을 뒤로 물러서면서 팔굼치로 뒤 사람을 명치공격하고 지골을 뒤로 제껴 처리방법	팔꿈치 - 명치
	목뒤 옷깃 잡기 1번	8	좌우로 돌면서 수도로 늑골, 공격한 손으로 다시 목동맥을 쳐서 뒤로 넘기면서 처리방법	수도 -늑골

기본 술기	술 기 명	번호	해 설	공격방법 공격부문
	목뒤 옷깃 잡기 2번	9	좌우로 돌면서 팔꿈치로 명치 공격한 손으로 혁띠를 잡고 명치 공격한 손, 장권으로 턱 뒤로 밀면서 처리 제압	팔꿈치 - 명치
	목뒤 옷깃 잡기 3번	10	좌우로 돌면서 팔꿈치로 명치 공격한 한손으로는 상대방의 팔 끝을 잡고 명치를 공격한 손은 팔로 상대방의 뒤 허리띠를 감아 업어치기로 제압	팔꿈치 - 명치
	목뒤 옷깃 잡기 4번	11	좌우로 돌면서 팔꿈치로 명치 공격한 한손으로는 반달 손으로 경추 밀어 처리제압	팔꿈치 - 명치
	허리띠 잡기 1번	12	좌우로 돌면서 목 동맥을 공격하고 공격한 손으로 안에서 바깥으로 넘기면서 처리 제압	수도 - 목 동맥
	허리띠 잡기 2번	13	좌우로 돌면서 팔꿈치로 명치공격하고 한 손으로 혁 띠를 잡고 명치 공격한 손으로 되밀어 뒤로 몸을 빠져 나오면서 팔을 돌려 척골로 팔꿈을 꺾어 제압	팔꿈치 - 명치
	허리깍지 잡기 1번	14	- 깍지를 낀 손등 인지와 엄지 사이(협곡)를 엄지로 힘을 지압.	족도 -경골
	허리깍지 잡기 2번	15	- 깍지 낀 손 가람을 풀고 좌우로 몸을 빠져나오면서 팔을 돌려 척골로 팔굽을 꺾어 제압	중권 -심간
	허리깍지 잡기 3번	16	양팔을 모두 잡으려 할 때 : 4와 동일하게 처리제압	팔꿈치 - 명치

기본 술기	술 기 명	번호	해 설	공격방법 공격부문
	허리깍지 잡기 4번	17	양팔을 모두 잡혔을 때 : 뒤로 앉으면서 두 손은 앞쪽으로 나온 다리를 당겨 뒤로 넘겨 처리제압	뒷머리 - 인중
	회전낙법 1번	18	굽혔을 때 : 손목빼기 1번을 하고 뺀 다음 팔꿈치로 명치 공격하고 안에서 바깥으로 회전 돌아 꺾어 처리제압	앞꿈치 - 경골
	회전낙법 2번	19	굽혔을 때 : 손목빼기 1번을 하고 뺀 다음 앞꿈치로 명치 공격하고 안에서 바깥으로 회전 돌아 꺾어 처리제압	앞꿈치 - 경골
	팔굽 꺾기 1번	20	잡힌 손목을 바깥에서 안으로 돌리고 한손은 척골로 상대방 팔굽을 꺾어 처리제압	중권 -늑골
	팔굽 꺾기 2번	21	잡힌 손목을 안에서 바깥으로 돌리면서 팔굽을 겨드랑 사이에 넣고 상대방 팔굽 관절을 꺾어 처리 제압	중권-늑골
	팔굽 꺾기 3번	22	잡힌 손목을 안에서 바깥으로 돌려 고정시키고 지렛대 식으로 하여 팔굽 관절을 안으로 말아 꺾어 처리제압	중권 -늑골
	팔굽 꺾기 4번	23	잡힌 손목을 바깥에서 안으로 돌려 손목을 바꾸어 잡고 교차로 하여 한손은 척골로 팔꿈치 관절을 꺾어 처리제압	중권 -늑골
	손목 꺾기 1번	24	상대방 안손 목 부분을 바깥에서 안으로 돌려 요골을 감아 손목을 꺾어 뒤로 넘기면서 처리제압	발-경골
	손목 꺾기 2번	25	잡힌 손목을 안에서 바깥으로 척골 부위를 돌려 반달 손으로 만들어 90도로 세운 손목 관절을 꺾어 처리 제압	중권 -명치

기본 술기	술 기 명	번호	해 설	공격방법 공격부문
	손목 꺾기 3번	26	팔굽 꺾기 1번(20번)으로 하여 다시 손가락을 말아 넣어 꺾으면서 연행 처리제압	중권 -늑골
	손목 빼기 1번	27	상대방이 당길 때 따라 들어가면서 한쪽 발을 밟고 한쪽 발은 상대방 뒤로 들어가면서 손목을 뺀 손으로 목을 쳐 뒤로 넘겨 처리 제압방법	수도 - 목 동맥
	손목 빼기 2번	28	상대방이 당길 때 따라 들어가면서 잡힌 손목은 상대방 앞발을 손가락으로 걸고 한손으로는 목을 찌르며 뒤로 넘겨 처리제압	관수-목
	손목 빼기 3번	29	손목을 빼면서 바꾸어 잡고 뺀 손으로 뒤 허리 띠를 잡고 업어치기하여 처리제압	팔꿈 -명치
	손목 빼기 4번	30	손목을 빼면서 인지 손가락으로 칼 넣어 뒤로 넘어뜨리며 처리 제압	앞꿈치 - 경골
	손목 빼기 5번	31	손목을 빼면서 바꾸어 잡고 안에서 바깥으로 좌우로 회전하여 수도로 목치고 뒤로 넘겨 처리 제압	수도 - 목 동맥
	손목 빼기 6번	32	손목을 빼어 잡으면서 한손은 밑에서 위로 받치고 팔굽을 펴서 나란히 하는 동시 중량을 이용 지렛대 식으로 척골을 꺾어 처리제압	중권 -명치

4 ~ 3급 (청띠)

기본 술기	술기 명	번호	해 설	공격방법 공격부문
	손목꺾기 1번	1	굽혔을 때 : 안 손목을 잡고 안에서 바깥으로 회전 돌아 꺾어 뒤로 넘기면서 처리제압	팔꿈치 -명치
	손목꺾기 2번	2	폈을 때 : 안 손목을 잡고 안에서 바깥으로 회전 돌아 꺾어 뒤로 던지면서 처리제압	중권-명치
	목조르기	3	양손으로 양 옷깃을 교차로 잡고. 척골로 목을 조르면서 처리제압	척골-목
	팔굽 꺾기 1번	4		중권-늑골
	팔굽 꺾기 2번	5		중권-명치
	팔굽 꺾기 3번	6	연행 손가락 꺾기 : 손가락을 잡고 안에서 바깥으로 몸을 빠져나오면서 손가락 1지 혹은 5지를 꺾어 처리 제압	중권-명치
	턱밀기 1번	7	허리띠 잡고 상권으로 턱(하악골) 밀어 처리 제압	장권-턱
	턱밀기 2번	8	팔로 상대방 뒤 허리 감고 경추미기 및 찔러서 처리 제압	관수-경추
	손목 꺾기 1번	9		앞꿈치 -중골
	손목 꺾기 2번	10		팔꿈-명치

기본술기	술 기 명	번호	해 설	공격방법 공격부문
	팔꿈 꺾기 1번	11	잡힌 안쪽 손목을 바깥쪽으로 돌려 척골로 팔굽 관절을 꺾으면서 하단 발목을 거두어차 처리 제압	
	팔꿈 꺾기 2번	12	잡혔던 척골을 빼어 바꾸어 잡고 뺀손으로 교차하여 팔꿈을 꺾는다	척골-팔굽
	명치공격	13	잡힌 쪽 발로 상대방 발등을 밟고 한손으로는 팔굽으로 명치 또는 수도로 목을 쳐 뒤로 넘겨 처리 제압	팔꿈치-
	주먹받기 1번	14	하복부를 공격해 올 때 : 손목꺾기 1번과 동일하게 처리 제압	앞꿈치 -경골
	주먹받기 2번	15	옆구리를 공격해 올 때 : 손목꺾기 2번과 동일하게 처리 제압	
	주먹받기 3번	16	하복부를 공격 해 올 때 : 척골로 바깥에서 안으로 거두면서 방어하여 회전하면서 손목 꺾어 처리제압	팔꿈치 -명치
	주먹받기 4번	17	옆구리를 공격 해 올 때 : 척골로 방어하여 팔굽을 안에서 바깥으로 감아 돌려 상대방 머리를 양발 대퇴부 사이에 껴서 관절을 꺾어 처리 제압	중권-명치
	기습공격 1번	18	명치 공격해 올 때 : 14번과 동일하게 처리 제압	앞꿈치 -경골

기본 술기	술 기 명	번호	해 설	공격방법 공격부문
	기습공격 2번	19	명치 공격해 올 때 : 15번과 동일하게 처리 제압	앞 꿈치 - 하복부
	기습공격 3번	20	명치 공격해 올 때 : 척골로 방어하여 바꾸어 손목잡고 방어한 척골로 팔굽 관절을 꺾어 처리 제압	척골 -팔꿈치
	기습공격 4번	21	명치 공격해 올 때 : 바깥에서 안으로 척골로 방어하여 팔굽을 겨드랑 사이에 껴서 관절을 꺾어 처리 제압	팔굽 -팔꿈치
	얼굴공격 1번	22	인중 공격해 올 때 : 좌(우) 선골자세를 취하고 척골로 바깥에서 안으로 거두면서 중권을 늑골 공격 처리 제압	중권-늑골
	얼굴공격 2번	23	인중 공격해 올 때 : 22번과 동일하게 자세를 취하면서 발을 밟고 상권으로 턱 밀고 처리 제압	장권-턱
	얼굴공격 3번	24	인중 공격해 올때 : 머리위로 교차 상단방어하여 척골로 바로 팔굽을 꺾어 처리 제압	수도-늑골
	얼굴공격 4번	25	인중 공격해 올 때 : 머리위로 교차 상단 방어하여 손을 엇갈려 잡고 안 팔굽을 척골로 꺾어 처리 제압	중권-명치
	얼굴공격 5번	26	인중 공격해 올 때 : 좌(우)선골 자세로 취하면서 중단 앞차기 및 옆차기로 처리 제압	앞꿈치 -명치

기본 술기	술 기 명	번호	해 설	공격방법 공격부문
	얼굴공격 1번	27	안에서 바깥으로 척골로 거두면서 수도로 목동 맥 공격 처리 제압	수도 -목동맥
	얼굴공격 2번	28	안에서 바깥으로 척골로 거두면서 관수로 목 찌르며 처리제압	관수-목
	얼굴공격 3번	29	척골로 바깥에서 안으로 거두면서 반달손 집게 손으로 경추 공격 처리제압	집게손 -경추
	얼굴공격 4번	30	안에서 바깥으로 거두면서 360도 회전 하여 손목 꺾어 처리 제압 (굽혔을 때)	팔꿈치 -명치
	얼굴공격 5번	31	30번과 동일하게 자세를 취하고 처리법은 감아 뒤로 넘겨 제압	팔꿈치명치
	얼굴공격 6번	32	척골로 방어한 손으로 바깥에서 안으로 되돌려 상대방 팔꿈치를 겨드랑사이에 껴서 팔굽을 꺾어 처리 제압	중차권 -명치

2 ~ 1급 (홍띠)

기본술기	술기명	번호	해 설	공격방법 공격부문
	손목 꺾기 1번	1	손목 꺾기 1번 자세로 꺾어 넘기면서 엄지손가락으로 상대방 목 혈(협근)잡고 바깥에서 안으로 돌려 처리제압	엄지손가락 -목혈
	손목 꺾기 2번	2	손목꺾기 2번 자세로 꺾어 넘기면서 족도로 장단지 뼈(경골)를 고정시키며 처리제압	족도-경골
	손목 꺾기 3번	3	손목꺾기 3번 자세에서 엄지로 지골을 뒤로 제키고 족도로 상대방 발등을 밟고 손목꺾기 3번으로 하여 손목을 말아 넣어 처리제압	관수-경추
	손가락 꺾기 1번	4	손가락 5지 또는 1지를 잡고 안에서 바깥으로 원을 그리며 던져 처리제압	손가락
	손가락 꺾기 2번	5	손가락 5지 또는 1지를 잡고 안에서 바깥으로 원을 그리며 밑으로 꺾어 처리제압	손가락
	손가락 꺾기 3번	6	안 손목 쪽 손가락5지 또는 1지를 잡고 안에서 바깥으로 돌려 꺾어 처리 제압	손가락
	팔굽 꺾기 1번	7	안 손목을 잡고 한손으로는 앞으로 무릎을 손으로 걸고 팔굽으로 상대방 팔굽 관절을 꺾기 해서 처리 제압	중지골 -늑골

기본 술기	술 기 명	번호	해 설	공격방법 공격부문
	팔굽 꺾기 2번	8	바깥손목을 틀어 나란히 잡고 한손으로는 무릎에 손을 걸어 교차하면서 팔굽 관절꺾어 처리 제압	중지골 -늑골
	팔굽 꺾기 3번	9	안 손목 팔굽혈(상완골 소두)을 엄지로 잡고 교차하여 한손은 팔굽혈 잡은 손목을 왼쪽에서 뒤로 돌려 접어 팔굽꺾어 연행 처리 제압	중지골 -늑골
	팔굽 꺾기 4번	10	등 뒤로 던지기 : 안 손목을 잡고 팔굽을 등 뒤로 하여 꺾어 던지면서 처리 제압	팔꿈치 -명치
	팔굽꺾기 5번	11	어깨 밑으로 던지기 : 안 손목을 잡고 팔굽을 어깨 넘으로 앉으며 팔굽을 꺾어 던지면서 처리제압	팔꿈치 -명치
	팔굽 꺾기 6번	12	어깨걸이 엎어치기 : 안 손목을 잡고 팔굽을 어깨에 걸어 엎어치기하여 처리 제압	팔꿈치 -명치
	목조르기 1번	13	한손으로 뒷목덜미를 잡고 앞 꿈치로 명치 공격한 요골부의로 목을 조르며 안족도를 차서 안에서 바깥 옆으로 넘겨 처리제압	종권-명치
	목조르기 2번	14	양손으로 양 옷깃을 잡고 앞 꿈치로 명치공격하고 옷깃 잡은 손(요골)으로 목 조르면서 등을 팔꿈치로 공격해서 뒤로 넘겨 처리제압	앞꿈치 -명치

기본 술기	술기명	번호	해설	공격방법 공격부문
	목조르기 3번	15	바깥 팔굽 혈(좌우)을 잡고 한손으로는 장권으로 가슴 공격하명 족도로 무릎을 바깥에서 안으로 차들이면서 목 또는 미간을 옆으로 조르며 처리 제압	장권-가슴
	발차기 1번	16	안 옷깃잡고 밀며 당기면서 (힘을 역이용)발목을 차서(발차기1번)앞으로 넘기면서 처리 제압	안족도 -발목
	발차기 2번	17	안 옷깃 잡고 당기면서 뒤로 밀고 (힘을 역이용) 발 뒷축으로 장단지를 차서 뒤로 넘기면서 관수로 목을 찌르며 처리제압	팔꿈치 - 장단지
	발차기 3번	18	안 옷깃 잡고 밀며 당기면서(힘을 역이용) 앞무릎으로 면상 또는 명치를 공격 하여 몸을 바깥에서 안으로 돌리면서 처리 제압	무릎-명치
	발차기 4번	19	안 옷깃을 잡아 당겨도 되지 않을 때 : 발차기 1번 자세로 차서 찬 발로 다시 반대 발 경골을 족도로 차서 처리제압	안족도 -무릎
	발차기 방어 1번	20	앞차기 1) 방어 : 쌍수 하단방어 - 주먹을 교차하여 하단 방어한다 2) 제압 : 교차 하단 방어하여 잡은 발목을 비틀어 넘긴다	쌍수척골 -경골

기본 술기	술기명	번호	해설	공격방법 공격부문
	발차기 방어 2번	21	옆차기 1) 나란히 서기 : 척골로 상하단 방어하면서 발목 걸어 넘긴다 2) 반신서기 : 척골로 상하단 거두어 방어하면서 하단 차서 넘긴다	족도-무릎
	발차기 방어 3번	22	돌려차기 1) 나란히 서기 : 21과 옆차기와 동일하게 처리제압 2) 반신서기 : 앉으면서 360도로 회전하여 발목 걸어 처리제압	족도-무릎
	발차기 방어 4번	23	회전 돌려차기 1) 나란히서기 : 2) 반신서기 : 한발 앞으로 전진하면서 21과 동일하게 처리제압	족도-무릎
	발차기방어 5번	24	밀어차기 1) 나란히서기 : 상황을 보아서 앉아서 상단방어를 하든가 또는 상대가 눈치 못채게 접근하여 공격차단 2) 반신서기 : 그때 상황을 보아서 앉아서 상단을 방어하여서 처리제압	장권-상
	손목 꺾기 1번	25	바깥 손목을 잡혔을 때 : 잡힌 손목을 빼어서 뺀 손목 제자리에서 180도 회전하고 바친 손도 밑에서 180도 회전하여 손목 꺾기 1번으로 처리제압	손목관절

기본술기	술기명	번호	해설	공격방법 공격부문
	손목꺾기 2번	26	바깥 손목을 잡혔을 때 : 25번과 동일하게 자세를 취하고 손목꺾기 2번으로 처리 제압	척골
	손목꺾기 3번	27	바깥 손목을 잡혔을 때 : 25번과 동일하게 자세를 취하고 손목꺾기 3번으로 처리 제압	관수-목
	팔꿈꺾기 1번	28	손목을 잡힌 때 : 앞 발꿈치로 명치공격하고 잡힌 쪽 무릎으로 팔굽 관절을 꺾어 처리제압	무릎-관절
	팔꿈꺾기 2번	29	28번과 동일하게 자세를 취하고 손을 바꿔 잡고 반대 무릎으로 팔굽 관절을 꺾어 처리 제압	중권-명치
	팔꿈꺾기 3번	30	잡힌 손목을 안에서 바깥으로 돌려 상대방 팔굽을 척골로 꺾고 엄지고 목 혈을 누르면서 돌려 처리제압	척골-팔굽
	양손잡기 1번	31	잡힌 한쪽 손목을 뺀 뒤 4-3급 1번과 동일하게 처리제압 (굽혔을 때)	팔꿈치-명치
	양손잡기 2번	32	잡힌 한쪽 손목을 뺀 뒤 4-3급 2번과 동일하게 처리제압 (폈을 때)	팔꿈치-명치
	양손잡기 3번	33	잡힌 한쪽 손목을 뺀 뒤 6-5급 1번과 동일하게 자세를 취하고 팔굽을 쳐서 처리 제압	앞꿈치-경골
	양손잡기 4번	34	양 손목을 모두 잡힌 채로 엄지로 안 팔꿈치(상완골)을 잡고 안에서 상대방 겨드랑사이로 들어가 돌면서 꺾어 연행 처리제압	엄지-상완골

기본 술기	술 기 명	번호	해 설	공격방법 공격부문
	악수 1번	35	좌우로 돌며 회전하여 손목꺾기 3번으로 처리제압	손목꺾기
	악수 2번	36	악수 손목을 빼어 손목꺾기 1번으로 처리제압	손목꺾기
	악수 3번	37	악수를 하면서 상대방 엄지손가락을 꺾어 처리제압	손가락 꺾기
	악수 4번	38	악수를 하면서 좌우로 돌면서 손목을 비틀어 꺾어 처리제압	중권-늑골
	복부공격 1번	39	정면 공격을 해 올 때 : 척골을 거두면서 손목 꺾기 1번으로 처리 제압	앞꿈치 -하복부
	복부공격 2번	40	정면 공격을 해 올 때 : 척골 안에서 바깥으로 거두면서 회전하여 손목 꺾어 처리제압	중권-명치
	복부공격 3번	41	측면 공격을 해 올 때 : 척골로 안에서 바깥으로 방어하고 한손으로 명치 공격한 손으로 목동맥을 돌려 무릎 사이에 감싸 넣으면서 팔굽 공격 하여 처리 제압	
	복부공격 4번	42	측면공격을 해 올 때 : 척골로 안에서 바깥으로 방어하면서 손목꺾기 2번 자세로 처리 제압	앞꿈치 - 하복부
	가슴공격 1번	43	손등이 밑으로 향할 때: 손목 꺾기 1번으로 처리 제압	앞꿈치 -경골
	가슴공격 2번	44	손등이 바깥으로 향 할 때 : 척골로 팔굽꺾어 처리 제압	앞꿈치 - 경골

기본술기	술기명	번호	해설	공격방법 공격부문
	가슴공격 3번	45	손등이 위로 향 할 때 : 겨드랑으로 팔굽꺾어 처리 제압	팔-팔꿈치
	가슴공격 4번	46	칼날 밑으로 쥐고 면상 그려서 가슴 찌를때(폈을 때) : 척골로 팔굽 관절 꺾어 처리제압	경척골 - 팔꿈치
	가슴공격 5번	47	46번과 동일하게 자세를 취할 때 (굽혔을 때 : 손목 꺾기 1번으로 처리 제압	앞꿈치 -경골
	얼굴공격 1번	48	정면으로부터 손등이 밑으로 향해 찌를 때 : 손목 꺾기 1번으로 처리 제압	앞꿈치 - 경골
	얼굴공격 2번	49	정면으로부터 손등이 바깥으로 향해 찌를때 : 팔굽 관절을 겨드랑 사이에 쪄서 처리 제압	팔-팔꿈치
	얼굴공격 3번	50	측면으로 부터 돌려 찌를 때 : 척골로 방어하고 안에서 바깥으로 회전 돌면서 처리 제압	팔꿈치 - 명치
	얼굴공격 4번	51	측면으로부터 돌려 찌를 때 : 척골로 방어하고 상대보다 힘이 약할 때	중권-명치
	얼굴공격 5번	52	(주의) 목을 향해 45도 각도로 찌를 때 : 척골방어 동시 안에서 바깥으로 제압하면서 돌려 손목 관절을 비틀어 꺾어 처리 제압	중권-명치
	얼굴공격 6번	53	측면으로부터 찌를 때 : 척골을 바깥에서 안으로 거두며 목동맥, 턱, 경추를 공격해서 처리 제압	장권 -턱

기본 술기	술기명	번호	해 설	공격방법 공격부문
	머리공격 1번	54	칼날이 밑으로 해서 찌를 때 : 상대방에게 1보 접근하여 찌르려고 팔을 들 때 밑에서 장권으로 팔을 받히고 목을 찔러 뒤로 처리 제압	관수-목
	머리공격 2번	55	칼날이 밑으로 해서 찌를 때 : 54번 자세에서 겨드랑 사이에 팔굽을 쳐서 꺾어 처리 제압	팔-팔꿈치
	머리공격 3번	56	칼날이 밑으로 해서 찌를 때 : 54번 자세에서 척골로 위에서 밑으로 칼을 거두면서 손목꺾기 1번으로 처리제압	앞꿈치 -하복부 -경골
	목에 칼로 찌르려 할 때	57	1) 손등이 위로 향할 때 : 손목 꺾기 1번으로 처리하고 연행으로 체압 2) 손등이 밑으로 향할 때 : 팔굽 꺾기로 처리하고 연행으로 제압	발-경골
	가슴에 칼로 찌르려 할 때	58	1) 손등이 위로 향할 때 : 57번 1)과 동일 2) 손등이 밑으로 향할 때 : 57번 2)과 동일	발-경골
	복부에 칼로 찌르려 할 때	59	1) 손등이 위로 향할 때 : 57번 1)과 동일 2) 손등이 밑으로 향할 때 : 척골 부위를 반달 손으로 밑으로 꺾고 한손으로 받혀 처리 제압	발-경골

기본 술기	술 기 명	번호	해 설	공격방법 공격부문
	등뒤에서 칼로 찌르려 할 때	60	1) 좌우로 돌아 척골로 방어하고 손목 꺾기 1번으로 처리 제압 2) 좌우로 돌아 척골로 방어하고 목 찌르고 뒤로 넘겨 처리 제압 3) 좌우로 돌면서 척골로 방어하고 목 혈을 누르고 뒤로 넘겨 처리제압	발-경골

<유단자 과정 기술지도(수련) 체계>

초단		2단	
기본 술기	술 기 명	기본 술기	술기명
	손목 꺾기		1) 상대방으로부터 공격 방어하기
			2) 자신과 상대방을 공격하기
			3) 장봉의 방어와 동시 공격하기
	역 수		4) 장봉으로 맨손의 상대방을 두 사람 이상 공격 방어 법
	1인 처리법		1) 상대방이 주먹으로 공격할 때
	2인 처리법		2) 상대방이 발로 공격할 때
			3) 선수 및 후수
	ㄱ) 기본기법		1) 상대방과 마주 앉아 있을 때 선수 및 후수
	ㄴ) 공격 방어법		2) 상대방이 서 있을 때 선수 및 후수
	ㄷ) 공격법		1) 발로 공격 해 올 때
	ㄹ) 기본법 이용 공격법		2) 칼로 공격 해 올 때
	ㅁ) 단봉술		3) 기타 무기로 공격 해 올 때
	자유대련		자유대련

제3편 : 대구지역 최용술 도주 제자 계열 합기도 도장 지도(수련) 체계 사례(Ⅰ)

합기도 도장 술기 수련과정(커리큘럼·Curriculum)

구분	기술종류	기술번호	술기명칭	술기수련 내용
초급 과정					
백띠과정	바깥 손목수 5	1	수도 칼넣기	수도로 네 손가락 밀면서 돌려 잡고 수도밀어 칼넣기
		2	수도 역 칼넣기	수도로 상대 팔굽 45° 틀면서 돌려잡고 앞당겨 칼넣기
		3	손목 틀어 꺾기	수도로 손목 돌려잡고 당길때 틀면서 다리 걸어 넘기기
		4	수도 턱밀기	수도로 상대 팔굽 45° 접어 다리 걸어 수도 턱밀기
		5	손목회전 꺾기	수도로 손목 깊게 틀어넣어 뒤돌아 손목회전 꺾기
	손목 꺾기 3	6	손목 꺾기 1번	당길때 팔굽을 펴서 손목관절을 꺾어 처리 / 제압
		7	손목 꺾기 2번	내밀때 손목 틀어 척골 뒤집어 꺾어 처리 / 제압
		8	손목 꺾기 3번	올릴때 척골로 팔굽관절을 틀면서 꺾어 처리 / 제압
	의복수 12	9	소매깃 잡기	엄지로 노궁을 잡고 손목을 밀착하여 어깨 각으로 꺾기
		10	팔굽 안잡기	손목을 팔굽 속에 넣고 어깨 방향으로 말아 꺾기
		11	팔굽 바깥잡기	팔굽을 세우면서 손등을 밀착하여 요골로 연속 감아 꺾기
		12	어깨잡기	가위손으로 장권을 어깨에 밀착하여 대각선 밀어 꺾기
		13	목 옷깃 잡기	반보 뒤로 빠지면서 목을 세워 손대고 수도 칼넣기

합기도 도장 술기 수련과정(커리귤럼 · Curriculum)

초급 과정					
구분	기술종류	기술번호	술기명칭	술기수련 내용	
백 띠 과 정	의복수	14	멱살 바로잡기	엄지로 어깨를 잡고 반보 뒤로 빠지면서 팔굽 관절을 눌러 꺾기	
		15	멱살 엎어 잡기	손등으로 가슴 밀착해서 대각선 밀어 꺾기	
		16	멱살 틀어잡기	손목을 틀어잡고 대권 가슴치며 다리 걸어 넘기기	
		17	양손 멱살 잡기	손가락으로 눈공격하며 반보 들어가면서 팔굽 눌러 꺾기	
		18	허리잡기(상)	반보 뒤로 손목을 90° 세워서 눌러 꺾기	
		19	허리잡기(하)	손등을 밀착하여 가위손 인지 날로 손목 칼넣기	
		20	옆구리 잡기	손목을 틀어잡고 다리걸어 상박근 칼넣기	

합기도 도장 술기 수련과정(커리큘럼 · Curriculum)

구분	기술종류	기술번호	술기명칭	술기수련 내용
중급 과정				
청띠과정	손목빼기 【후수】 3	1	한 손목 빼기 ①	앞 반보 손목 돌려 빼서 연속으로 대권 명치 공격
		2	한 손목 빼기 ②	한 손 돌려 빼서 잡힌 손 손바닥 장권으로 밀어꺾기
		3	양 손목 빼기	앞 반보 양손 빼서 손등 눈 후리고 허리잡고 턱밀기
	양 손목수 【후수】 5	4	손목 꺾기 1번	옆 반보 손목 빼서 당길 때 따라 들어가면서 손목 꺾기
		5	손목 꺾기 2번	옆 반보 상대가 안을 때 돌면서 손목 뒤집어 꺾기
		6	손목 꺾기 3번	옆 반보 올릴 때 척골로 팔굽 관절을 틀면서 꺾기
		7	손목 제껴 꺾기	뒤로 붙어 한손 원형 돌려 목을 빼고 손목 제껴 꺾기
		8	수도 칼넣기	양손 원형 돌려잡고 수도로 팔굽 칼넣기
	의복수 【후수】 12	9	양 소매깃 잡기	앞 반보 소매깃 감고 목빼서 당길 때 수도 칼넣기
		10	양 팔굽 잡기	앞 반보 팔굽틀어 다리 걸면서 대권 명치 공격
		11	양 어깨 잡기	앞 반보 몸통 틀어 대권 명치 공격 손목 꺾기 3번

합기도 도장 술기 수련과정(커리큘럼 · Curriculum)

구분	기술종류	기술번호	술기명칭	술기수련 내용
중급 과정				
청띠과정	의복수 【후수】	12	목 옷깃 잡기	앞 반보 수도 늑골과 경동맥 치고 팔굽접어 다리걸기
		13	뒷머리 잡기	두 손 잡고 낮추며 뒤돌아 손목 틀어 올려 꺾기
		14	한손 목조르기	합곡 잡고 손목 틀어 목 빼서 뒤로 제껴 꺾기
		15	허리띠 잡기	앞 반보 허리띠 잡고 장권으로 턱밀어 척추 꺾기
		16	깍지 허리잡기	중지 꺾기 안으로 원형 돌려 손목잡고 수도 칼넣기
		17	손등 허리잡기	종권으로 손등 누르고 네 손가락 잡고 손가락 꺾기
		18	요골 허리잡기	손목 틀어 팔굽 겨드랑이 밀착시켜 수도 칼넣기
		19	양 팔위 조일 때	양팔 돌려 대권 치고 빠지면서 손목 뒤로 제껴 꺾기
		20	양 팔위 잡기	양팔 들어 발목잡고 반보 정강이 눌러 꺾기

합기도 도장 술기 수련과정(커리큘럼 · Curriculum)

구분	기술종류	기술번호	술기명칭	술기수련 내용
고급 과정					
홍 띠 과 정	손목치기 3	1	수도손목치기	손목 빼고 주먹날 관자놀이 치고 뒤돌아 명치공격
		2	대권 명치공격	손목을 틀어 빼면서 뒷다리 걸어 팔꿈치 명치공격
		3	팔굽 십자꺾기	손목잡고 옆으로 팔굽관절 안으로 십자 감아 꺾기
	손목수 4	4	엎어 손목 꺾기	앞 반보 팔굽 네손가락 밀면서 틀어 올려 꺾기
		5	안 손목 틀어 꺾기	손목 돌려잡고 중지 곡지당겨 안 손목 비틀어 꺾기
		6	엇갈려 손목수	수도(手刀)로 손목 감아 팔굽 옆구리 찔러넣어 꺾기
		7	세워 손목수	수도(手刀) 밑으로 틀어 당겨 가위손 손목 말아 꺾기
	선수 4	8	손가락 꺾기	네 손가락 위로 원형 꺾어 가위손으로 수직꺾기
		9	손목제껴 꺾기	두 손목 틀어잡고 뒤돌아 손목제껴 꺾어 연행수
		10	팔굽감아 잡기	중지로 소매잡고 팔굽관절 가슴밀착 감아꺾기
		11	피스톤 당기기	한 손 목 옷깃 잡고 앞당겨 다리 걸어 넘기기

합기도 도장 술기 수련과정(커리큘럼·Curriculum)

구분	기술종류	기술번호	술기명칭	술기수련 내용
홍 띠 과 정	족방어 3	12	족도 옆차기	하단 안다리 차고 무릎관절 족도로 차 넣기
		13	무릎 감아 꺾기	수도(手刀) 비켜 막고 오금쳐서 슬관절 감아 꺾기
		14	족도 뒤차기	걷어 막고 뒤돌아 족도로 오금 차 넣기
	권방어 6	15	손목꺾기 1번	정면 막고 손목 앞으로 당겨 꺾어면서 지면 꺾기
		16	손목꺾기 2번	측면 막고 척골로 팔굽 각으로 대각선 꺾기
		17	손목꺾기 3번	상단 막고 곡지로 당겨 장권으로 팔굽 말아 꺾기
		18	수도 턱밀기	정면 공격 손 바꾸어 잡고 수도(手刀)로 턱밀어 뒤로 넘기기
		19	어깨 던지기	엇갈려 틀어잡고 반보 나아가면서 어깨 업어 던지기
		20	팔굽 접어꺾기	상단 쌍수 오른손 위로 팔굽 잡고 손목 비틀어 꺾기

<표 제목: 고급 과정>

합기도 도장 술기 수련과정(커리큘럼·Curriculum)

고급 과정				
구분	기술종류	기술번호	술기명칭	술기수련 내용
홍띠과정	금품요구 단도방어 **5**	21	목 견줄 때	손목 탈치면서 목을 피하고 팔뚝 눌러 꺾기
		22	가슴 견줄 때	두손 잡고 겨드랑이 밑으로 돌아 복부 찌르기
		23	복부 견줄 때	돈을 멀리주고 손목 잡아 다리걸어
		24	뒤 목 견줄 때	역돌아 수도 팔굽치면서 막고 손목 틀어 오금차기
		25	뒤 허리 견줄 때	뒤돌아 수도 막고 중지로 팔굽 당기면서 감아 꺾기
	도수(칼) 방어술 **5**	26	심장 찌를 때	수도 막고 중지로 곡지당겨 손목관절 틀어 꺾기
		27	복부 찌를 때	수도(手刀) 비켜 막고 손목잡고 복부 차면서 손목꺾기 1번으로 처치
		28	옆구리 찌를 때	팔굽 감아 수도로 목쳐서 무릎사이 끼고 목 돌리기
		29	위에서 찌를 때	대각선 막고 엄지로 소매잡고 들어 넣기
		30	휘둘러 찌를 때	수도(手刀)로 팔굽 깊게 막고 손목 잡고 틀어넣어 꺾기

합기도 도장 술기 수련과정(커리큘럼・Curriculum)

구분	기술종류	기술번호	술기명칭	술기수련 내용
초단 과정				
검은 띠 (1단) 취득 과정	선수 5	1	손목꺾기 1번	공격 발이 일보 뒤로 빠지면서 손목꺾기 1번 처치
		2	손목꺾기 2번	족도로 무릎관절 밀며 주먹 세워 팔굽 비틀어 꺾기
		3	손목꺾기 3번	한 손 깊게 잡고 팔굽 세워서 걸어 앞으로 당겨 꺾기
		4	양 손 허리잡기	수도(手刀)로 팔굽을 밀면서 세워 엎어 잡고 감아 꺾기
		5	정강이 차기	상대 방어 주먹잡고 손목 틀면서 대퇴부 작두 차기
	선수 발차기 5	6	안 발목 차기	옷깃 잡고 앞으로 당기면서 안 발목 차기
		7	척추 감아 차기	안을 때 발 뒷축으로 척추 또는 대퇴부 감아 차기
		8	발 뒷축 돌려 차기	옷깃 잡고 발 뒷축으로 안쪽 대퇴부 돌려 차기
		9	족도 명치 찌르기	손목 잡고 무릎을 당겨 족도로 복부 찔러 차기
		10	족도 오금차기	어깨잡고 족도로 옆 무릎을 당겨 차 넣기

합기도 도장 술기 수련과정(커리큘럼·Curriculum)

초단 과정					
구분	기술종류	기술번호	술기명칭	술기수련 내용
검은띠 (1단) 취득과정	좌기수 5	11	손목꺾기 1번	손목 잡고 무릎 밀면서 손목 꺾어 팔굽 접어 꺾기
		12	손목꺾기 2번	손목 잡고 무릎 밀어 일어나면서 손목 꺾어 무릎누르기
		13	손목꺾기 3번	무릎 밀고 손목 꺾고 장권으로 팔굽 말아 꺾기
		14	팔굽 접어 꺾기	팔굽 당겨서 손목 틀어 반보 들어가면서 저울 꺾기
		15	팔굽 관절 꺾기	반대 손 합곡잡고 팔굽 관절 가위손 지면 눌러 꺾기
	권 좌기수 3	16	손목 틀어 꺾기	얼굴 정면 대각선 막고 반보 들어가면서 손목 틀어 꺾기
		17	수도 칼 넣기	엇 주먹 걸어 막고 반 무릎 뒤로 팔굽 당겨 칼 넣기
		18	옷깃 잡고 넘기기	상단 막고 손목 당기면서 팔굽 옷깃 돌려서 넘기기

합기도 도장 술기 수련과정(커리큘럼·Curriculum)

구분	기술종류	기술번호	술기명칭	술기수련 내용
초단 과정					
검은 띠 (1단) 취득 과정	상좌기수 7	19	손목회전 돌기	손목잡고 수도 깊게 들어가면서 손목 뒤돌아 꺾기
		20	손목틀어 꺾기	안 손목 돌려 잡고 서면서 뒤 다리 걸고 손목 틀어 꺾기
		21	멱살 잡기	손목잡고 앞으로 반보 들어가면서 팔굽 눌러 꺾기
		22	뒷목 옷깃 잡기	반 무릎 뒤로 목을 피하고 손목 대고 수도 팔굽 칼 넣기
		23	머리 잡기	엄지 손바닥(노궁)잡고 당겨가면서 정강이 차고 손목 틀어 꺾기
		24	목 옷깃 잡기	한손 발목잡고 가위손으로 발 안쪽 복사뼈의 중심에서 위로 세 치 올라간 삼음교(三陰交) 혈(穴) 자리 칼 넣기
		25	멱살 잡기	관수(Nukite : 손끝)로 오리혈(五里穴) 찌르며 뒤로 넘기기
	와기수 5	26	족도 칼 넣기	**발목에서 위협** : 발목걸어 족도로 발목 안쪽 복숭아 뼈 위에 있는 정강이뼈와 근육의 경계 부위 혈(穴) 자리인 삼음교(三陰交) 칼 넣기
		27	무릎 칼 넣기	**무릎에서 위협** : 양 무릎 발목 사이 안쪽의 경골(脛骨)뼈 칼 넣어 아랫다리 앞쪽의 뼈가 있는 정강이 누르기
		28	무릎 오금치기	**어깨에서 위협** : 발목 뒷꿈치로 무릎 관절 안쪽의 오금차고 발목 말기
		29	안 발목 칼 넣기	**겨드랑이에서 위협** : 양손 잡고 안발목 척골(尺骨)로 칼 넣기
		30	머리 위 칼 넣기	**머리에서 위협** : 뒷 발목 잡고 척골(尺骨)로 슬관절(膝關節) 칼 넣기

제4편 : 대구지역 최용술 도주 제자 계열 합기도 도장 지도(수련) 체계 사례 (Ⅱ)

- 최용술 도주 합기도 술기 보존회 연수원장 : 정화재 용수합기도 총관장

합기도 도장 수련과정(커리큘럼 · Curriculum)

1. 준비운동 순서	
1. 목 운동	14. 길게 눌러주기
2. 허리 운동	15. 족기 자세 :
3. 몸통운동	① 하단 차기(삼음교)
4. 옆구리운동	② 낭심 찌르기(낭심)
5. 등배 운동	③ 낭심 차기 (낭심)
6. 가슴 운동	④ 뒤축 차기(무릎위)
7. 수기 자세 : ① 수도 치기(경동맥)	16. 단전 호흡
② 관수 찌르기(천돌)	① 앞으로
③ 장권치기(턱, 명치, 늑골)	② 옆으로
④ 손등 후리기(눈)	③ 위로
8. (앉아)발목 돌리기	17. 낮게 / 높게 뛰기
9. 다리 털어주기	**18. 낙법**
10. 다리모아 버티기	1. 전방 낙법
11. 다리 젖히기	2. 후방 낙법
12. (서서)무릎운동	3. 측방 낙법
13. 짧게 눌러주기	

합기도 도장 수련과정(커리큘럼 · Curriculum)

2. 손목단련 및 풀어주기	
■ 2인 1조 손목 단련 1. 안손목 치기 2. 윗 막기 3. 안바깥 막기 4. 위아래 막기 5. 안손목 치고 윗바깥 막기 ■ 관절풀기 1. 완관절 풀어주기 2. 주관절 풀어주기 3. 견관절 풀어주기 4. 손등밀고 받아주기 5. 두 손목 잡고 허리 풀어주기	■ 개인 손 / 팔관절 풀기 1. 깍지 끼기 2. 약지 잡기 3. 손목 잡기 4. 합곡 잡기 5. 어깨 내외 돌리기

합기도 도장 수련과정(커리큘럼 · Curriculum)

3. 기본자세 및 빼기수	

■ 기본 자세
 	
1. 좌 자세
2. 우 자세
3. 평 자세
 	
■ 방어수
 	
1. 바깥 손목수 잡혔을 때
   - 다리 넘겨 제압하기
 	
2. 안손목수 잡혔을 때
   - 뒤로 턱밀어 제압하기
 	
3. 엎어 잡혔을 때
   - 어깨뒤로 제압하기
	■ 빼기수 및 수도치기
	
	1. 옆으로 빼기　　(수도)
	2. 위로 빼기　　　(수도)
	3. 밑으로 빼기　　(팔굽)
	4. 들어 45도 빼기　(장권)
	5. 안손목 빼기　　(손등)
	6. 바깥 세워 빼기　(역수도)
	7. 엇갈려 세워 빼기 (팔굽)
	8. 두손목 빼기　　(손등)
	9. 양손목 빼기　　(무릎)
	10. 뒤 양손목 빼기　(팔굽)

합기도 도장 수련과정(커리큘럼 · Curriculum)

4. 기본용어 및 호신술 종류	
■ 기본용어	■호신술 수
1. 바른 자세 2. 엇 자세 3. 평 자세 4. 합곡 5. 약지 6. 어깨 잡기 7. 모로 잡기 8. 사각 9. 보법 10. 완관절 11. 주관절 12. 견관절 13. 요골 / 척골 14. 비골 / 경골	1. 선수 2. 바깥 손목수 3. 안손목수 4. 의복수 5. 두 손목수, 양 손목수 　　뒤 양손목수 6. 주먹수 / 족기수 7. 단검수 8. 좌수 9. 와수

합기도 도장 수련과정(커리큘럼·Curriculum)

백띠(3개월 과정)	청띠(3개월 과정)	홍띠(3개월 과정)
■ 선수 호신술 1. 칼넣기 2. 손목 꺾기 3. 전환수 4. 넘겨 제압하기 5. 업어치기	■ 바깥 손목수 호신술 1. 주관절 칼넣기 2. 스크류 손목 꺾기 3. 역 주관절 칼넣기 4. 오리 꺾기 5. 기마 주관절 꺾기 6. 견관절 꺾기 7. 주관절 꺾기 8. 내외전환 9. 스큐류 손목 꺽기 (응용) 10. 업어 치기	■ 안 손목수 호신술 1. 주관절 칼수 2. 손목 꺾기 3. ㄷ 자꺾기 4. 완관절 꺾기 5. 빼고 수도치기 6. 견관절 꺾기 7. 요골치고 반원치기 8. 내외전환 9. 십자 칼넣기(팔굽) 10. 업어치기

합기도 도장 수련과정(커리큘럼 · Curriculum)

1단	2단	3단	4단
의복수 호신술	두 손목 호신술	주먹수 호신술	좌수 호신술
1. 손목 옷깃 2. 팔꿈치 옷깃 3. 어깨 옷깃 4. 뒷목 옷깃 5. 멱살(바로잡아) 6. 멱살(움켜잡아) 7. 허리띠 　(바로잡아) 8. 허리띠 　(움켜잡아) 9. 허리띠(옆) 10. 허리띠(뒤)	1. 칼넣기 2. 손목 꺾기 3. 전환수 4. 넘겨 제압하기 5. 업어치기	1. (정면) 　(오른손 방어) 　칼 넣기 2. (정면)(왼손방어) 　손목꺾기 3. (훅)(왼손 방어) 　다리 걸어 　제압하기 4. (어퍼)(왼손방어) 　어깨 걸어 꺾기 5. (정면) 두손 　x막아 　회전 꺾기	1. 멱살- 삼음교 　누르고 장권치기 2. 멱살-엄지손가락 　꺾기 3. 주먹-(오른손 바깥 　막기) 손목꺾기 4. 주먹-(오른손 바깥 　막기)- 디자 꺾기 5. 삿대질- 　엇갈려 세워 꺾기 6. 바깥 손목잡혔을 　때- 완관절 꺾기 7. 안손목수 잡혔을 　때 　- 엇갈려 세워 꺾기
	양손목 호신술	단검수 호신술	와수 호신술
	1. 칼넣기 2. 손목 꺾기 3. 전환수 4. 넘겨 제압하기 5. 업어치기	1. (복부) 두손 　x 막은 후 　회전 꺾기 2. (가슴)손목 꺾기 3. (옆으로)안쪽 　막고 손목꺾기 4. (위로) 칼등 젖혀 　목 밀어 제압 5. (칼 휘두를 때) 　회피 후 주관절 　제압 6. (뒤에) 손목꺾기 7. (대치) 손목 꺾기. 　견관절 꺾기 8. (앞에서 어깨잡고) 　손목꺾기	1. (발옆에) 발로 　삼음교 2. (머리 위에) 　손으로 삼음교 3. (상체 위) 손목 　잡혔을 때 　완관절 4. (상체 위) 　목누를 때 　머리잡아 　턱밀기
	뒤 양손목수 호신술		
	1. 완관절 꺾기 2. 주관절 꺾기 3. 손목꺾기 1수 4. 손목꺾기 2수 5. 손목꺾기 3수		

합기도 도장 커리큘럼 [curriculum]

준비운동	낙법	예절	호흡	1단과정	2단과정	3단과정	4단과정
1.목운동 2.허리운동 3.옆운동 4.앞구르기운동 5.등배운동 6.다리운동 7.기지개 8.팔굽돌리기 9.다리돌리기 10.대인돌리기 11.다리 젖히기 12.무릎운동 13.팔꿈 눌러주기 14.경계 눌러주기 15.주기자세 16.단전호흡 17.단계(놀개뛰기) 18.낙법	1.앞으로 빽기 2.뒤로 빽기 3.옆으로 빽기 4.앞구르기 빽기 5.뒤손목 빽기 6.바깥쌔 빽기 7.엇걸려 세워 빽기 8.앞손목 빽기 9.안손목 빽기 10.뒤안손목 빽기 선수 호신술 1.앞당기 2.손목 잡기 3.진원수 4.남겨 계와하기 5.양와치 수도치기 팔꿈 치기 정권 치기 손날 치기 약수도 치기 손등 치기 팔꿈 치기 손등 호리기 무릎 치기	바깥쪽 순수수 호신술 1.주먹결 발치기 2.소크롬 손목 치기 3.역 주전결 발치기 4.옆면결 치기 5.기마 주전결 치기 6.전결 치기 7.주전결 치기 8.내외전원 9.소리들 손목 치기 (응용) 10.앞어 치기	안손목수 호신술 1.손목 치기 2.손목 치기 3.ㄷ 지붕기 4.왼결결 치기 5.뒤목 치기 6.턱말 수도치기 7.훼고 전결 치기 8.내외전원 9.심가 낭강치기(양굴) 10.양어치기	약수수 호신술 1.손목 옷지 2.손목 옷지 3.예 옷지 4.왼결 옷지 5.등목 옷지 6.옆결(당근결이) 7.허리(비로잡이) 8.하리(공목잡이) 9.양어 10.하리피(익)	두손목 호신술 1.팔당기 2.손목 치기 3.진결기 4.남겨 계와하기 5.양와치 양손수 호신술 1.양손수호신술 빼기 2.손목 당시옆치 3.양손수 이웃넣기 4.양손수 이웃넣기	역수 호신술 1.팔겐요른소네이 빨기 2.권뢰 팔꿈치이 소네치 3.내겐서끄 낭내 빨기 4.예에 대비히 이원결 치기 5.겐일 수도에이 이원결 치기 6.예원결(상체결) 치기 양수 호신술 1.원녹근 원당하기 결아맥기 2.기자세로 치기 3.겐도로 번하 맥기 치기 4.마인겐과 우리 겐바결 치기 5.해겐 치기혀 경결치기 6.겐튼 들어매고 경결치기 7.겐바겐 치기 겐치치 8.원에겐되고 하리빨기	역수 호신술 1.격근과(빼기) 2.매어렌 손목 숨겨 3.아예서 손목 터서 4.(상학에 놀림 체업관원기)

수기자세	족기자세	단전호흡	낙법	손목단련 / 팔꿈아주기	체력단련
수도치 손세꺼기 정책치 손종호리기	허단치 낭상치기 낭아치 뒤화치	양으로 앞으로 위로	전방낙법 후방낙법 측방낙법 회전낙법 공중회전낙법	1.앞손목 치기 2.양옆 치기 3.아예 막기 4.뒤아래 맥기 5.두손목치고 바깔이기	1.팔근체빼기 2.무릎 올라주기 3.좌우점교하기 4.왼팔 힘으로기

근대 무도(武道)합기도(合氣道・아이키도) 강의

제5편 : 대구지역 최용술 도주 제자 계열 합기도 도장 지도(수련) 체계 사례 (Ⅲ)

● 도장에서의 예의

<수련생 상호간의 예의>

- 도를 닦는 도인으로서 도복을 입은 상태에서는 편히 앉거나 누울 수 없으며 웃거나 입을 함부로 열지 아니한다.

<도장에서의 예절>

1. 도장에 들어가면 국기에 대한 예의가 첫 번째이고 다음에 스승과 선배에 대한 예의(禮儀) 등 3대 도장 예로써 정중한 말투나 몸가짐으로 인사를 한다.
2. 기본 예의가 끝나면 호흡을 가다듬고 다른 사람운동에 방해가 되지 않는 곳에서 가만히 앉아 정좌(正坐)하고 있는다.
3. 사범의 운동 지시가 있기 전에는 도복을 입지 못하며 도복을 입지 않고 수련 도구를 만지거나 운동 할 수 없다.

<운동시 예의>

- 자기 자신을 갈고 닦는 마음으로 수련에 임하며 기합소리 이외에는 다른 말을 하지 않는다.

- 운동 끝난 후 3대(국기에 대한, 사법에 대한, 상호간의) 예절(禮節)후 퇴실

● 기본 준비운동

1. 목 돌리기
2. 어깨 돌리기
3. 허리 돌리기
4. 등배운동
5. 무릎 돌리기
6. 다리 늘려주기
7. 밀어 올리기
8. 점프 무릎 가슴 닫기
9. 제기차기
10. 단전호흡

● 체력단련

① 상체단련, ② 하체단련, ③ 복근단련, ④ 전신단련, ⑤ 순발력 증진운동

1. 팔굽혀펴기 (손바닥 펴고, 정권 쥐고, 손가락 세워서)
2. 엎드려서 점프 손목 단련운동(손등 손목 교대로 바닥에 닿게 함)
3. 푸시업 하며 손뼉 치기(손뼉 한번치기, 손뼉 두번치기)
4. 엎드려 뻗쳤다 일어서기
5. 엎드려 뻗쳤다 뒤로 눕기
6. 목 근력 단련(뒤로 머리 바닥대고 누워 제자리돌기, 뒤로 머리 바닥대고 누워 한사람 배에 태워 단련)

7. 복근 운동(윗몸일으키기, 거꾸로 매달려 일어나기)
8. 쪼그려 뛰기(좌로 돌며 뛰기, 좌 우 사람 넘어 갔다오기)
9. 쪼그려서 점프 뛰어 오르기 (좌세 우세로)
10. 누워 다리 들어올리기 (한쪽다리 교대로. 동시에)

● 단전호흡

- 앞으로
- 위로
- 옆으로

● 손쓰기 및 발차기 종류

<손쓰기>

1. 인중 밤주먹치기
2. 관수 찌르기
3. 이지관수 찌르기
4. 수도치기
5. 손 바탕 치기
6. 손등 후리기
7. 손등치기
8. 정권 지르기
9. 장권 치기
10. 턱치기
11. 울대빼기

12. 양 팔굽 치기
13. 장치고 뒷사람 팔굽 치기
14. 옆 사람 양손 등치기

<발차기>

1. 상단 추겨 막고 하단 차기
2. 하단 앞 돌려 차기
3. 하단 옆 차기
4. 장권 치며 종아리 감아 차기
5. 허벅지 돌려 차기
6. 낭심 차기
7. 복부 차기
8. 앞 차기
9. 옆구리 찍어 차기
10. 발등 복부차기
11. 발 뒷굽으로 턱 차기
12. 찍어 차기
13. 옆차기
14. 발등 뒤돌아 차기
15. 뒤돌려 차기
16. 하단 뒤돌려 차기
17. 특수 발차기 (다수)

<낙법>

1. 구르기 · 뒤로 구르기
2. 전방 낙법
3. 측방 낙법 (좌측 · 우측)
4. 후방 낙법
5. 회전 낙법
6. 공중 측방낙법

<여러 가지 합기도 자세>

• 합기도를 배움에 있어서 가장 중요하다 할 수 있는 자세

◼ 평 자세
• 좌세 (좌측 겨루기 자세) · 우세 (우측 겨루기 자세)
• 앞 굽힘 자세
• 뒷 굽힘 자세
• 양 굽힘 자세

◼ 보법
• 옆으로
• 좌로
• 우로
• 앞으로
• 뒤로
• 뒷굽 들고 발 바꾸기 연속

- 뒷발 45도 빼어 전진
- 뒷발 90도 빼기 · 180도 빼기

■ 술기

◇ 기초수 (손목빼기)
1. 옆으로 빼기
2. 밑으로 빼기
3. 위로빼기
4. 밖으로 틀어 돌려 빼기
5. 안으로 돌려 틀어 빼기

<단계별 합기도 기술 지도(수련) 체계>

● 백띠 과정(8급-7급)

<바른 손목 잡혔을 때>

1. 옆으로 빼어 팔굽(팔꿈치) 명치치고 그대로 손 살려 얼굴치고 내려 주먹 쥐어 낭심 치기
2. 밑으로 빼어 관수로 상대 목 찔러 넘겨 무릎으로 상대 낭심 찍기
3. 위로 빼어 팔굽(팔꿈치)로 상대 쇠골 또는 갈비뼈 내려 찍기
4. 옆으로 밀 때
   (밀리는 옆으로 밖으로 손목 틀어 나가며 엄지손가락 꺾어 팔굽 칼 넣기)
5. 뒤로 밀 때
   (밀리는 뒤쪽으로 밖으로 손목 틀어 엄지손가락 꺾어 팔에 칼 넣기)
6. 손목 중지로 받쳐 꺾어 옆으로 빠져 엄지 꺾어 팔 제압 하며 족도로 무릎 차서 바닥에 제압하여 처리
7. 잡힌 손 가슴까지 들어 올려 제자리에서 손목 관절 꺾기
8. 잡힌 손 방향 한발 나가 상대와 같은 방향서고 잡힌 손 밖으로 틀어 빼며 상대 손목 세워 받쳐 꺾기
9. 잡힌 손 상대손목 위로 그대로 잡고 상대 팔굽(팔꿈치) 감아 꺾기
10. 반대 손으로 상대 잡은 손잡고 밖에서 안으로 돌아 상대 손목 밖으로 돌려 던지기
12. 잡힌 손 그대로 상대 손 포개 잡아 밖으로 돌려 손목 관절 중지로 걸어 당겨 어깨 빼기

● 노란띠 과정 (6-5급)

<안손목 수>

1. 상대손목 그대로 잡고 틀면서 칼 넣기
2. 잡힌 손 반대발이 상대 바깥쪽으로 나가며 상대 팔꿈치 꺾고 상대와 나란히 선 상태에서 상대 팔꿈치 가슴에 앉혀 상대 손목 수직으로 세워 꺾기
3. 잡힌 손 그대로 잡고 밖에서 상대 팔 밑으로 돌아 몸통으로 상대 팔꿈치 밀어 꺾기
4. 잡은 손 엄지손가락 칼 넣고 반대 손으로 합곡 뒤집어 잡기로 잡아 잡혔던 손으로 상대 팔굽 관절 밑에서 당기기
5. 잡은 손 그대로 두 손으로 잡고 안에서 밖으로 돌아 상대 팔 당겨 빼기
6. 잡은 손 그대로 잡고 상대 팔굽(팔꿈치) 굽혀 고정해서 어깨 빼기
7. 손목 감아 옆구리 장치고 팔굽(팔꿈치) 관절 당겨 팔 넣어 어깨 꺾기
8. 손목 그대로 잡고 밖에서 상대 팔 밑으로 돌아 손목관절 밖으로 틀어 꺾기
9. 손목 그대로 잡고 밖에서 상대 팔 밑으로 돌아 던지기
10. 엄지손가락 칼 넣어 상대 바깥 손날 잡아 안으로 감아 꺾기
11. 엄지손 칼 넣어 상대 손감아 팔 뜯어 내기
12. 엄지손 칼 넣어 상대 손목 감싸 안아 어깨 쪽으로 밀어 꺾기

● 청띠 과정 (4급) 의복 수

<소매 잡혔을 때>

1. 소매 잡혔을 때 (상대 주먹 감싸 쥐고 감아 꺾기)

2. 밑소매 잡혔을 때 (상대 손목 밑에서 위로 수직세워 꺾기)

3. 소매 위 잡혔을 때 (상대 합곡 잡고 손가락 밀어 칼 넣기)

4. 중간 소매 잡혔을 때 (상대 손 '팔굽·팔꿈치'에 끼어 밀어 넣어 꺾기)

5. 중간 윗 소매 잡혔을 때 (상대주먹 쥐고 팔 붙여 손목관절 꺾기)

6. 어깨 잡혔을 때 (합곡 쥐고 손목 꺾어 밀어 넣어 칼 넣기)

7. 어깨 위 잡았을 때 상대 손목 잡아 뒤로 밀어 '팔굽·팔꿈치' 관절 꺾기)

8. 앞에서 뒷덜미 잡혔을 때
   (명치 장권 치고 뒤 덜미 손목 잡고 고개 빼어 칼 넣기)

● 청띠 과정 (3급) 의복수

<멱살, 허리띠 그 외>

1. 멱살 바로잡혔을 때 (합곡 과 손목 동시 잡고 '팔굽·팔꿈치' 부러 뜨리기)

2. 멱살 위로 치켜 잡을 때 (허리 숙여 손목 관절 꺾기)

3. 역 멱살 잡을 때 (손목 고정하여 안으로 들어가 감아 꺾기)

4. 가슴 잡을 때 (손목 고정하여 감아 꺾기)

5. 혁띠 잡을 때 (한발 뒤로 길게 빼며 손목 관절 꺾기)

6. 혁띠 위로 치켜 잡을 때 (척골 손가락 칼 넣기)

7. 옆 혁대(혁띠) 잡을 때 (옆으로 돌아 칼 넣기)

8. 뒷 허리 띠 잡을 때 (뒤로 손등 후려치고 칼 넣기)

● 홍띠 과정 (2급)

<엇 손목 : 20가지 술기>

1. 잡힌 손 상대 쪽으로 붙여 밀어 손목 관절 꺾기
2. 밖으로 돌려 잡아 칼 넣기
3. 밖으로 돌려 잡아 내 손목 잡고 상대 팔굽 꺾기
4. 상대 손목 가슴까지 올려 잡고 상대 검지 손목으로 꺾어 밀어 던지기
5. 손등 덮어 잡아 바깥 돌려 손목 꺾기
6. 상대 손날 잡아 안으로 한 바퀴 돌아 손목부터 팔까지 감아 당겨내기
7. 바깥쪽으로 손목 비틀고 손목 감아 던지기
8. 손목 두 손으로 잡고 밖에서 안으로 팔 밑 돌아 던지기
9. 손목 잡아 가슴까지 당겨 상대 팔 밑에서 어깨 받쳐 목잡아 당기기
10. 팔굽 받쳐 어깨 메어 밖에서 안으로 돌아 팔굽(팔꿈치) 밀어 던지기
11. 손목 안에서 감아 상대 손목잡고 잡힌 손 내손목 잡아 상대 팔굽 꺾기
12. 잡힌 손 상대 손목 같이 잡고 상대 반대다리잡고 상대 팔굽(팔꿈치) 꺾기
13. 잡힌 손 그대로 상대 손목 잡고 반대 어깨 손 받쳐 상대 팔굽(팔꿈치) 꺾기
14. 잡힌 손 그대로 잡아 어깨에 상대 받쳐 꺾기
15. 상대 팔굽(팔꿈치) 받쳐 밖에서 안으로 돌아 상대 팔굽(팔꿈치) 밀어 던지기
16. 상대 손목 양손으로 잡고 밖에서 안으로 돌아 상대 손목 돌려 팔 빼기
17. 밖에서 안으로 돌아 상대 팔굽(팔꿈치) 어깨에 걸쳐 메어 던지기
18. 잡힌 손 그대로 잡고 상대 옆에서 얼굴밀어 넘기기
19. 잡은 손 손날 잡아 안에서 뒤로돌아 손목 꺾고 팔굽(팔꿈치) 잡아 꺾기
20. 잡은 손 손날 잡고 안에서 밖으로 휘어감아 손목 팔굽(팔꿈치) 감아 당기기

● **자띠<밤띠> 과정 (1급)**

- 양 손목, 단도 막기 (안겼을 때)
- 양 손목 잡혔을 때

1. 양 손목 밖으로 돌려 잡아 손목 꺾기
2. 한 손목 위에서 돌려 꺾고 한손 당겨 던지기
3. 양 손목 모아 상대 팔굽(팔꿈치) 꺾기
4. 한손 상대 허리 받치고 한손 턱 밀어 넘기기
5. 양 손목 잡아 뒤로 돌아 상대 날개 꺾기
   - 뒤에서 손 내려 잡혔을 때
   - 뒤에서 손 올려 잡혔을 때,
   - 단도 막기
     - 바로 찌를 때, 옆으로 찌를 때, 위에서 내려 찌를 때, 목찔러올 때
     - 안겼을 때

(뒤에서 안을 때, 앞에서 안을 때, 옆에서 목 조를 때, 앞에서 목조를 때)

<유단자 과정 기술 지도(수련) 체계>

● 초단과정

<주먹 막기, 발 막기>

■ 주먹 막기 (바깥 막기)
1. 바깥에서 안으로 막고 팔굽(팔꿈치)으로 갈비뼈 치기
2. 바깥에서 안으로 막고 뒤돌며 팔굽(팔꿈치)으로 상대 등뼈 내려찍기
3. 바깥에서 안으로 막은 손 휘감아 동시에 두발 뛰어 발로 상대 뒷무릎 차서 굽히고 한손 어깨 잡아 꺾기
4. 바깥에서 안으로 막음과동시 상대 손목 휘감아 상대 팔굽(팔꿈치) 굽혀 손살려 찔러 넣어 상대 팔꿈치 꺾기

5. 바깥에서 안으로 막고 두 손 거들어 앞으로 살짝 당겼다가 뒤쪽 대각선으로 잡쳐 당김

<주먹 막기 (안쪽 막기)>

1. 안쪽 막음과동시 치기
2. 합곡 쥐어 뒤틀어 막아 손목관절 꺾어 밀어 던지기
3. 손목관절 한 바퀴 타고 돌려 감아 꺾기
4. 손목 관절 한 바퀴 돌려 감아 팔굽(팔꿈치)으로 상대 이두근 찍어 누르기
5. 손목지어 안으로 돌아 멀리 던지기

<주먹 막기 (바깥 양손 거들어 막기)>

1. 막음과 동시 팔굽(팔꿈치) 관절 쳐서 꺾기
2. 막음과 동시 따라 들어가며 안으로 감아 꺾기
3. 뒷발 앞으로 들어가며 옆으로 돌려 꺾어 던지기
4. 막음과 동시 팔굽(팔꿈치)으로 옆구리 찍기
5. 거들어 막고 칼 넣기

<주먹 막기 (안쪽 양손 거들어 막기)>

1. 두 손으로 잡아 밖에서 안으로 돌아 던지기
2. 잡아서 팔굽(팔꿈치) 감아 꺾어 상대 목 수도치기
3. 잡고 상대 얼굴 팔굽(팔꿈치) 치기
4. 두 손으로 잡아 밖에서 안으로 돌아 상대 팔 빼기

5. 두 손으로 잡아 밖에서 안으로 돌아 손목 꺾어 상대 팔굽(팔꿈치)으로 복부 치기
6. 발 막기 (앞 뻗어 올 때, 옆차기, 찍어 차기. 뒤돌려 차올 때 등, 각 3수)

● 2단 과정 (단·중·장 봉술, 선술)

<호신용 실전 단봉>

■ 기본 치기 막기(머리 치기, • 옆머리 치기, • 바깥머리 치기, • 안 손목치기, 밖으로 손목 치기, 목 찌르기, 상단 막고 하단 베기)

<호신 단봉 술기>

■ 바깥 주먹 막기
1. 바깥손목 치고 감아 잡아 단봉으로 칼 넣기
2. 바깥손목 치고 단봉 손잡이로 가슴 치기
3. 바깥손목 치고 단봉으로 목 걸어 뒤로 넘기기
4. 바깥손목 치고 단봉으로 팔굽 관절 꺾어 당기기
5. 바깥손목 치고 튕겨 나온 단봉으로 머리치기

■ 안 주먹 막기
• 단봉 대련
• 중봉(치기 막기 및 대련)·장봉 기본(치기 막기 및 대련)
• 선술(선제 공격 술기)

● 3단 과정

<지팡이 술>

- 머리 내려치기
- 옆머리 치기
- 쳐올리기
- 회전 내려치기
- 찌르기
- 뒤돌아 회전 돌려치기
- 선제공격(先制攻擊)
- 권 방어, 족 방어
- 지팡이 술기

<좌 술>

- 마주 앉았을 때
- 상대가 공격 해올 때
- 어깨 잡을 때
- 머리 잡을 때

<와 술>

- 올라탔을 때 / 선제공격(先制攻擊)

<포박술>

- 도복 띠(방권술·방족술) 포박술
  - 방권술은 상대방이 주먹으로 공격해올 때 상대를 제지하고 제압하는 술기
  - 방족술은 발 막기 기술인 발차기 방어 호신술
- 주먹 쳐올 때 포박술
- 발 차올 때 포박술
- 선제(先制) 포박술
  - 포박술은 효과적으로 상대를 제압하며 묶는 기술로 거동이 수상한 자가 공격했을 때 자신의 몸을 보호하며 주변에 있는 끈이나 줄 등으로 상대를 제압하는 것

● 4단 과정

▣ 검술
▣ 혈도술 (급소치기)
▣ 합기도 활법

참고문헌

1. 武産合気 一合気道開祖・植芝盛平先生口述(単行本), 高橋 英雄・植芝 盛平(著), 白光真宏会出版局, 1986.
2. 武産合気道 別巻 植芝盛平翁の技術書『武道』解説編(Takemusu Aikido Special Edition BUDO Commentary on the 1938 Training Manual of Morihei Ueshiba), 斉藤 守弘(著), どう出版, 2017.
3. 新装版 武産合気道 第1巻 基本技術編, 斉藤 守弘(著), どう出版, 2016.
4. 合気道と柔道―富木謙治口述(単行本), 稲門合気道会(編集), 島津書房, 2016.
5. 富木合気道の実力―崩しの黄金法則, 佐藤 忠之(著), ベースボールマガジン社, 2008.
6. 合気道 その歴史と技法, 植芝 守央(著), ベースボール・マガジン社, 2022.
7. 合気神髄―合気道開祖・植芝盛平語録(単行本), 植芝 吉祥丸(監修), 合気会(編集), 八幡書店 2002.
8. 合気道のこころ―「気」と「理」を和する合気の道(単行本), 植芝 吉祥丸・植芝 守央(著), 出版芸術社; 復刻 植芝守央版, 2008.
9. 規範 合気道 応用編, 植芝 守央(著), 合気会出版社; 改訂新版, 2011.
10. 増補改訂版 合気道と中国武術はなぜ強いのか?(BUDO-RA BOOKS), 山田 英司(著), 東邦出版; 増補改訂版, 2017.
11. 中村天風と植芝盛平:氣の確立(単行本), 藤平 光一(著), 東洋経済新報社, 1998.
12. 合気道のすごい戦術 "結び"の極意: 技が100%かかる!, 権藤聡(著), ビーエービージャパン, 2021.
13. 合気の発見―会津秘伝 武田惣角の奇跡, 池月 映(著), 本の森出版社, 2009.
14. 惣角流浪 (集英社文庫), 今野 敏(著), 集英社, 2001.

15. 鬼の冠(単行本), 津本 陽(著), 実業之日本社, 1987.

16. 鬼の冠ー武田惣角伝（双葉文庫）, 津本 陽(著), 双葉社, 2010.

17. 鬼の冠 武田惣角伝（実業之日本社文庫）, 津本 陽(著), 実業之日本社, 2018.

18. 新版 合気修得への道, 木村達雄(著), どう出版; 新版, 2018.

19. 合気を極めた男 佐川幸義 孤塁の名人(文春文庫), 津本 陽(著), 文藝春秋, 2010.

20. 佐川幸義 神業の合気：力を超える奇跡の技法 ペーパーバック, 月刊秘伝編集部(著), BABジャパン, 2020

21. 深淵の色は 佐川幸義伝(ソフトカバー), 津本 陽(著), 実業之日本社, 2018.

22. 大東流合気柔術 合する合気の道, 江夏 怜(著), ブイツーソリューション 出版社, 2020.

23. 武術の極み、合気を求めて 大東流合気柔術を解く, 浅原 勝(著), 株式会社 日貿出版社, 2017.

24. "合気投げ"全伝 〜相手の力を技にする！筋力を超えた武術革命〜, 石橋義久(著), BABジャパン, 2021.

25. "円"の合気 修得のキーワード！稽古日誌に記された短く深いことば, 成田新十郎(著), BABジャパン , 2016.

26. 合気道(単行本), 植芝 吉祥丸(著), 出版芸術社; 復刻版, 1996.

27. 新装版 武産合気道 第2巻 呼吸投げ・武器取り・二人取り編, 斉藤 守弘(著), どう出版, 2016.

28. 氣の呼吸法-全身に酸素を送り治癒力を高める(幻冬舎文庫), 藤平光一(著), 幻冬舎出版社, 2008.

29. 氣と生活, 藤平 光一(著), KI MANAGEMENT株式会社, 2013.

저자 소개

▷ 현재 대구보건대학교 스포츠재활학과 교수(사회복지학 박사)

▷ 주요 체육단체 임원 · 경기지도자 · 수상 경력
- 스포츠지도사 국가자격증 보디빌딩 종목 실기 및 구술 자격검정 시험위원 (2017년 · 2018년 · 2019년 · 2020년)
- 2020년 대구광역시 체육회 체육 연구상 수상
- 2019년 스포츠심리학회지(스포츠 · 운동심리학 분야) 우수논문상
- 대한 피지컬 휘트니스 타이치 협회 회장 (현)
- (사) 합기도 고단자회 회장 (현)
- 대구광역시 보디빌딩협회 감사 (현)
- 대구광역시 우슈협회 부회장 (전)
- 한국 장애인 수영연맹 부회장 (전)
- 대구광역시 장애인 수영연맹 상임부회장 (전)
- 대구광역시 체육회 인사위원 (전)
- 대구광역시 장애인 체육회 자문위원 (전)
- 대구광역시 보디빌딩협회 이사 (전)
- 대구광역시 스쿼시 연맹 이사 (전)
- 경상남도 근대 5종 바이애슬론 연맹 이사 (전)
- 인천광역시 근대 5종 바이애슬론 연맹 이사 (전)
- 제88회(2007), 제89회(2008), 제90회(2009), 제92회(2011) 전국체육대회 대구광역시 선수단 스쿼시 종목 감독
- 제93회(2012) / 제94회(2013) 전국체육대회 대구광역시 우슈 일반부 감독

▷ 2012년 대구보건대학교 최우수 강의상(Best Teacher Award)

▷ 국제 학술지 발표 논문

■ Scopus journal 국제 학술지 발표 논문

The effect of Tai Chi exercise on the cognitive and physical function in older Adults, International Journal of content Technology and its Applications, Volume 7, Number 12, Aug 31, 2013. p.239~ p.255.(ISSN : 1975-9339(Print), 2233-9310(Online)
　　　　　　　태극권 운동이 노인의 인지기능과 신체기능에 미치는 영향

The effects of aquarobics on blood pressure, heart rate, and lipid profile in older women with hypertension, Indian Journal of Science and Technology, Vol 9(46), December 31, 2016. ISSN(Print):0974-6846 ISSN /(Online):0974-5645
　　　　　아쿠아로빅 운동이 고혈압 여성노인의 혈압, 심박수 및 혈중지질에 미치는 영향

▷ 일본대학 논문집 발표 논문

『猫之妙術』を読む－武道伝書の活用に着目して－, 広島文化学園短期大学紀要
　第49号 (p.35~p.48), 2016.
　　　　　　　　『고양이의 묘술』을 읽다 － 무도전서의 활용에 착목해서 －

▷ 한국연구재단 등재 학술지 주요 발표 논문

- 운동행동 변화단계에 따른 노인의 운동 자기효능감과 지각된 건강상태 수준 변화, 한국디지털정책학회지 (디지털 융복합 연구), 2015, 제13권(11호) p.549~p.559.외 다수

▷ 저서

- 스포츠센터 전략경영과 기획론 － 스포츠센터 경영전략 이론과 사례연구 －
  (도서출판 학사원, 2020, 1072쪽.)
- 武道をたずねて －武道教育への活用－ (日本大学教育出版, 2018) 共著
- 스포츠센터 경영 총론 (도서출판 학사원, 2018)
- 스포츠 트레이닝 (라아프 사이언스, 2013) 공저
- 종합체육시설업 경영론 (도서출판 학사원, 2006)

- 체육원리의 이해 (도서출판 학사원, 2006)
- 스포츠센터 시설기획과 경영론 (도서출판 학사원, 2004)
- 스포츠마케팅 이론과 실제 (도서출판 학사원, 2004)
- 레저·스포츠·건강증진시설 경영론 (도서출판 학사원, 2003)
- 스포츠센터 경영과 마케팅론 (도서출판 학사원, 2000)

▷ 편저 / 번역서

- 일본 무사도 문화사 - 야마오카 텟슈 강화(講話) -, 도서출판 학사원, 2021.
- 무도와 무사도 인문학 - 무도철학과 무사도 문화코드로 일본을 읽다 -, 도서출판 학사원, 2021.
- 사무라이의 마음, 일본의 마음, - 무도철학과 무사도 -, 도서출판 학사원, 2019.
- 검劍, 선禪을 만나 검도劍道가 되다, 도서출판 학사원, 2018.
- 태극권 경전 강해, 도서출판 학사원, 2016.
- 타쿠앙 선사의 부동지신묘록(不動智神妙錄), 도서출판 학사원, 2013.
- 武道學 講論, 도서출판 학사원, 2010.
- 武道思想 探究, 도서출판 학사원, 2009.
- 바이오메카닉스 : 신체운동의 과학적 기초, 공역, (주)이퍼블릭 코리아, 2008.

근대 무도(武道)
합기도(合氣道・아이키도) 강의
— 한국 합기도 형성(形成) 초창기 도장
술기(術技・技術) 지도체계 실제 사례 —

2022년 08월 20일 인쇄
2022년 08월 25일 발행

저　자 : 김우철
발행인 : 장세진
발행처 : 도서출판 학사원

대구광역시 중구 서문로 49-35
Tel. 053-253-6967, 253-6758
Fax. 053-253-9420

등록 : 1975년 11월 17일(라120호)

정가 25,000원

ISBN 978-89-8223-107-0 93690

※ 파본은 교환하여 드립니다.